著名管理专家、国美集团总顾问**赵建华**强力推荐、作序

专业 信仰 智谋

办公室潜伏说明书

参悟职场最高境界，

领略商战巅峰对决。

2009年最具畅销潜质的职场商战攻略，

最激励人心的职场生存技巧，

一件送给上班族职场晋升的礼物。

◎周增文 著

九州出版社
JIUZHOUPRESS

图书在版编目(CIP)数据

办公室潜伏说明书/周增文著.—北京:九州出版社,2009.9
ISBN 978-7-5108-0159-4

Ⅰ.办… Ⅱ.周… Ⅲ.办公室-人际关系学-通俗读物
Ⅳ.C912.1-49

中国版本图书馆 CIP 数据核字(2009)第 159197 号

办公室潜伏说明书

作　者	周增文　著
出版发行	九州出版社
出 版 人	徐尚定
地　址	北京市西城区阜外大街甲 35 号(100037)
发行电话	(010)68992190/2/3/5/6
网　址	www.jiuzhoupress.com
电子信箱	jiuzhou@jiuzhoupress.com
印　刷	北京永峥印刷有限责任公司
开　本	710×1000 毫米　16 开
印　张	17
字　数	300 千字
版　次	2009 年 10 月第 1 版
印　次	2009 年 10 月第 1 次印刷
书　号	ISBN 978-7-5108-0159-4
定　价	26.80 元

★版权所有　侵权必究★

BANGONGSHI
序 QIANFU 言
SHUO MING SHU

01

现今，社会竞争越来越激烈，如何才能在这竞争激烈的环境中得以更好的生存与发展，或许是我们每一个人，特别身在职场中的人所关心的问题。我们采取不同的方式去学习，去积蓄自我的实力，以求能够轻松地面对竞争，希望能因此而最终获得成功。

究竟我们应该学习些什么，掌握一些什么呢？在这个竞争激烈并变化迅速的社会环境中，我们所要学习的东西似乎很多很多，诸如专业知识，自己所在领域的一些新的变化，我们在不断的学习，对一些拥有着很大的理想抱负的人来说，他们甚至连片刻的松懈都不敢。然而，单纯地学习这些知识，就一定能够保障我们在职场中任意驰骋，最终会获得成功吗？

这些专业技能知识确实是我们所需要的，但事实告诉我们，要在职场中获得更好的生存与发展，除了那些之外，我们还要拥有一定的职场生存智慧。

那么，我们应该拥有什么样的智慧，怎么去做呢？俗话说的好，处处留心皆学问。从近期热播的谍站电视连续剧《潜伏》中，我们便可以得到很好的启示。

《潜伏》所讲述的故事是这样的：抗日战争胜利前，军统人员余则成不满国民党腐败，被发展为我党地下工作者，潜伏在军统天津站，代号“峨眉峰”。因工作需要他和女游击队长翠平做起假夫妻，翠平不适应做官太太，险象环生。而余则成的恋人左蓝也到天津执行任务，受到特务们的怀疑。余则成和左蓝等联手除掉和赶走了天津站的马奎、路桥山，完成了潜伏任务。左蓝的牺牲让翠平理解地下斗争的重要，她和余则成的配合也更加默契，他们拿到了天津的城防计划，但一次致命失误让翠平四处逃亡。解放前夕，余则成千方百计拿到国民党潜伏特务名单却苦于无法送出，在去机场的路上他发现了翠平并将名单交给她。二人从此分别，余则成继续执行潜伏任务。

当我们抛弃一些政治上的因素，以一种别样的眼光去看《潜伏》时，就会发现剧中的国民党军统天津情报站里的人员每天都危机四伏。就像一部职场攻略剧，余则成巧妙地处理了自己与站长吴敬中、“同事”马奎、陆桥山和李涯的复杂关系，为白领们写了一部活生生的“职场攻略”……

例如：余则成初到天津情报站，身为少校的他首先要面对的便是中校马奎。这个情报站行动队队长无论从军衔还是资历上都比余则成高一级。因此马奎虽亲自带余则成到分配给他的住所，并亲自驾车陪余则成接夫人翠平，但他在热情背后对余则成的鄙视和怀疑却也表现得很是明显。人生地不熟的余则成为了顺利工作默默承受了马奎的挑衅。倘若尚未有建树的余则成若是逞一时之快，回敬马奎几嘴，虽给自己赢了面子，却会很快激化矛盾，初来乍到便在单位里闹得鸡飞狗跳，最后吃亏的还是自己。这件事情便告诉了我们，当我们新到一个单位之后，不管自身能力有多么优秀，但是要想得以更好的生存与发展，就必须保持低调，学会忍耐，因为只有保持住现有的，才能拥有美好的将来。

本书便是根据《潜伏》一剧的的情节，结合现今职场中的事实，予以分析和总结，并从以下九个方面：如何抓住机会，如何积累自我实力、学会忍耐、责任意识、主动精神、完成使命的决心、如何以及我们有可能常犯的错误，讲述了《潜伏》中的职场生存智慧哲学，现实中职场的生存发展哲学。

赵建华

CONTENTS 目录

第一章　抓住工作机会，接受职场挑战

——看《潜伏》学余则成抓住机会

身在职场，无论是谁都想得到晋升、获得更为丰厚的薪金。如何才能实现呢？对很多人来说，他们有一定的能力，所欠缺的只是一个机会。这机会在哪儿呢？从现在正在热播的电视连续剧《潜伏》中主人公余则成身上，我们似乎找到了答案：机会不是去等待，而是要你去主动抓住它，接受挑战。

第二章　有理想没错，要懂得积累实现的资本

——看《潜伏》别学翠平挑肥拣瘦

在《潜伏》一剧中，翠平总想拿着盒子枪和手雷为革命工作做点儿贡献。她看到余则成每天忙里忙外，自己却不是参加宴会就是陪太太们打牌，心里颇为不平，不止一次跟余则成嚷嚷“你凭啥领导我啊”。直到左蓝为掩护余则成壮烈牺牲，翠平才终于明白了情报工作的危险性和重要性。此后翠平认真打进特务太太的圈子，并数次为余则成打探消息、传递情报，对掩护余则成的地下党身份发挥了重要作用。从翠平的身上我们可以看到，不要小瞧了任何一个工作岗位。任何工作都是从基础做起，那些成就大事的人，都是能把最不起眼的工作做得有声有色之人。

第三章　保住现有的，才能拥有将来实现目标的资本

——看《潜伏》学余则成忍辱负重

即便你的能力再强，你的理想和抱负再怎么伟大，要想使得理想和抱负变成现实，就必须抓住现在的，认真做好现在能做的事，否则的话一切都免谈。我们在看完《潜伏》后，可以得到这

样的一个启示：要想拥有美好的将来，就必须学会忍辱负重，保住现有的一切。因为现在所拥有的一切是将来的基础。

第四章　正确懂得自我的职责所在是做好一切的根本

——看《潜伏》学会承担责任

在观看《潜伏》一剧之时，我们可以明显地感觉到，余则成是一个具有着强烈责任感的人，他忠诚于组织，恰恰就是这种责任与忠诚，让他能够在强敌如云、环境复杂的军统站不断地得到提升，最终成为副站长。可惜的是，在现今的职场中，许多人缺少的就是这种责任与忠诚。

目录

CONTENTS

第五章　在很多的时候，应当主动去做一些事

——看《潜伏》学习调整工作态度

一个真正有能力的人，能够得到重用的人，是等待上司布置任务才行动呢，还是积极主动去做事？从余则成的身上，我们所得到的答案是后者。确实如此，在现今的职场中，我们只有拥有了积极主动的工作态度，积极主动将事情做好，才能获得上司和老板的青睐，为自我的职场发展开辟出一条金光大道。

第六章　无论如何都要完成自我的使命

——看《潜伏》学完成任务的决心

在职场中面对自己的工作，只有想办法完成才能获得晋升的机会。余则成之所以被军统重用就在于他接受了任务后，都会想尽办法去完成，而不是因为有困难而无限期拖延。我们要向余则成学习的就是这种精神，因为在现今竞争激烈的职场中，我们是否能够得到很好的发展，工作态度固然重要，但是更重要的是我们做了些什么。

第七章 不结小帮派，但是也不能没有自己的圈子
——看《潜伏》学处理同事关系

如何妥善地处理好职场的人际关系，以及怎样利用自我的人脉去成就自我的职场生涯。余则成在潜伏的过程中，就是因为很好地把握到这一点，利用李涯以及马桥山等人之间的微妙关系保护了自己，并且一步步地巩固了自己在天津站的地位。对比余则成所处的军统天津站，跟我们现今所处的职场环境，我们确实可以从他的身上学到一些与同事处理关系的技巧。

第八章 获得上司的好感才有更好的发展机会

——看《潜伏》学处理与上司的关系

只有通过有效的方法跟上司相处，才能获得上司的青睐，获取自我职场发展的契机。如在《潜伏》中，余则成就是因为天津情报站站长吴敬中是自己的老师，并巧妙利用这层关系才使得自己在天津站迅速立足。现今的职场当然跟余则成所处的军统天津站环境有所不同，那么我们怎样才能像余则成那样获得上司的好感从而获得自我发展的机会呢？

第九章 有所为有所不为，警惕职场雷区

——看《潜伏》学习如何走出职场的可怕误区

在《潜伏》一剧中，有着像是在现今职场中优秀员工代表一样的余则成，也有着许许多多如马奎、陆桥山等一些在现今职场上可以算不成熟的，或者是不受欢迎的人。从余则成的身上，我们可以向他学习怎样走向优秀；而从另外一些人那儿，我们得到的却是有益的教训。

DI YI ZHANG

第一章

抓住工作机会，接受职场挑战
——看《潜伏》学余则成抓住机会

身在职场，无论是谁都想得到晋升、获得更为丰厚的薪金。如何才能实现呢？对很多人来说，他们有一定的能力，所欠缺的只是一个机会。这机会在哪儿呢？从现在正在热播的电视连续剧《潜伏》中主人公余则成身上，我们似乎找到了答案：机会不是去等待，而是要你去主动抓住它，接受挑战。

1. 抓住机会远胜于等待机会

许多身在职场中并不怎么如意的人，在有些时候总会发出一些无奈的抱怨，认为没有得到好的发展，在于没有好的机会。真是如此吗？在《潜伏》中，曾被称为军统特务“密码宝典”的李海丰由重庆转投南京日伪政权，军统内部高层震怒，誓要除掉此人。任务落在了余则成与吕宗方身上。他们被指派潜伏在南京，并且顺利地安插在了李海丰的身边。但事情远远没有想象中顺利，就在余则成摸清了李的行踪，要展开行动时，吕宗方被刺身亡。吕宗方死后，刺杀李海丰的行动暴露了。余则成陷入了孤军奋战的尴尬境地，但是他最终还是单枪匹马锄掉了汉奸李海丰，顺利地完成了任务。

余则成就是因为抓住了机会，而受到了戴笠的赏识和嘉奖，为他日后潜伏进军统天津站奠定了基础。从他的事例中，我们似乎也看清了“机会”的真实面貌——我们所肩负的任务。对身在职场上的人来说，就是老板、上司交代的工作。所谓的抓住机会，就是将老板、上司所交代的事情做好，将自己的工作做好。

许多身在职场中的人，却忽略了这一点，将“机会”看作是偶然的因素，以及好的运气。他们并没有意识到，其实他们自进入职场走上工作岗位，接受了老板、上司所布置的任务起，就已经拥有了很好的机会，只不过是他们没有把握好而已。

机会，就是你所接受的任务，就是你在现任的职位上所应当肩负的职责。当你全心全意地将任务完成，将工作做好，就已经把握住了机会。

现实中，许许多多在职场上得到很好发展的人，他们之所以能获得老板的赞赏，得到上司的青睐，其真正的原因，并非如有些人所想像那样拥有一个“好的机会”，而是在于，他们用心地做好了老板、上司所交代的任务，做好了自己的工作而已。

有一家皮鞋厂，老板吩咐三个员工去做同一件事：去供货商那里调查一下做鞋所需原材料——皮革的数量、价格和品质。

第一个员工5分钟后就回来了，他并没有亲自去调查，而是向下属打听了一下供货商的情况就回来汇报。30分钟后，第二个员工回来汇报。他亲自到供货商那里了解皮革的数量、价格和品质。第三个员工90分钟后才回来汇报，原来他不但亲自到供货商那里了解了皮革的数量、价格和品质，而且根据公司的采购需求，将供货商那里最有价值的商品做了详细记录，并且和供货商的销售经理取得了联系。在返回途中，他还去了另外两家供货商那里了解皮革的商业信息，将3家供货商的情况做了详细的比较，制订出了最佳购买方案。

上面所叙的三个员工，第一个员工显然只是在敷衍了事，草率应付；第二个员工充其量也只能算是被动听命；应该说真正尽职尽责做事的只有第三个员工。简单地想一想，如果你是老板你会雇用哪一个？你会赏识哪一个？如果要加薪、提升，作为老板你愿意把机会留给谁？相信答案已在你心中。

机会，就是我们的工作任务、工作职责。一个真正想要在职场中获得发展的人，就应当尽职尽责把自己的工作做到位。唯有这样，才能获得好的发展。

白领职场攻略

机会对每一个身在职场上的人来说都是均等的，它是老板、上司所交代的任务，以及职位所赋予的职业，只要尽职尽责地做好这些，就等于抓住了好的机会。

2. 端正工作态度才能主动抓住机会

在《潜伏》中，余则成之所以能得到戴笠的赞赏，后来被委派到军统处天津站工作，是由于他顺利地完成了刺杀李海丰的任务，抓住了机会。然而，对身在职场中的我们来说，机会为什么那样少呢?

老板、上司所交付给我们的任务，我们所担任职务所要做的工作，其实就是机会，只不过我们在很多的时候忽略了而已。我们要想在职场中得以更好地生存与发展，就必须认识到这一点，改变自我的工作态度，把工作做好。我们将工作做好的同时，就等于主动地抓住了机会。

然而，要把工作做好，必须有一个好的态度。如果态度不端正，工作永远都不会做好。而怎样才能端正自我的工作态度呢?这就要求，我们应加强自我的责任意识。《潜伏》中，余则成被组织安排到军统天津站潜伏，他的身份较为特殊，首先是他在刺杀李海丰中立下了显著大功，令军统局的头头戴笠都对其刮目相看，还有军统天津站的站长吴敬中又是他在接受特务训练时的老师。所有的这一切，对余则成在军统天津站的发展都是有利的，他仅仅凭借着这些就能够拥有一个很好的“职业”前途。可是，他却仍然坚持着去完成组织上安排给他的任务，虽说那些任务充满了各种各样的困难和阻碍，但是他都能排除诸多困难将它完成好。这就是工作态度在起作用，也就是这种工作态度，让他在完成军统天津站以及吴敬中所交代他的一些任务时都能够尽力去做好，并由此而抓住了机会，从而使得他在军统天津站的地位越来越牢固。

余则成之所以能如此，就是在他的身上有一种强烈的责任感，也正是因为他的这种责任感，让他战胜了所有的困难，而最终将任务完成。

责任是我们将事情做好的源动力，身在职场中的我们只有在拥有了强烈的责任感之后，才能正确地面对所要做的工作，才能战胜工作中所遇到的困难，将工作做好，才能获得加薪以及晋升的机会。

可惜的是，许多身在职场中的人并没有认识到这一点。在大多数的情况下，他们将自我摆放在被雇佣者的位置上，觉得自己是在为老板、上司工作，自己所能领取的只是微薄的薪水，以至于在执行老板、上司所交代的任务时，只是机械被动地去做，敷衍了事。想想看，这样的态度能将工作做好吗？又怎么能够抓住机会呢？下面发生在现今职场中的一个事例就很好地说明了这一点。

陈枫是一家公司的部门经理。工作能力一般而经常敷衍了事的他，能当上部门经理，只是在于他能把表面工作做得好。当他当上经理后，对待工作态度敷衍了事就表现得更为明显了，经常把自己的工作推给下属小刘去做。

有一次，老板让陈枫准备一个重要项目的资料。陈枫懒得做，又推给了小刘。小刘并没有简单地把资料汇集在一起而敷衍了事，他不但仔细认真地把资料按重要性做了排列，还按类别进行分类。

小刘把资料完成之后，陈枫便把它交给了老板。

“这大概不是你做的吧？”老板看完后问。

“不……是……”陈枫脸色有些发白，不安地回答。

“是谁做的呢？”

“是我们部门的小刘做的。”

"你叫他到我这里来。"

老板对小刘亲切地说："小伙子，你怎么会想到把资料做成这个样子呢?"

"我想这样用起来会方便些。"

"你什么时候做的呢?"

"我是晚上加班做的。"

"是吗！我特别满意这份资料。"

在这次谈话后，没过多久，小刘便代替了以前陈枫的位置。

在现实的工作中，就存在像上面事例中陈枫和小刘这样的两种人。一类如同陈枫，对待工作敷衍了事；而另一类，却像小刘一样能尽职尽责地将工作做好。前者与机会擦身而过，而后者则积极主动地抓住了机会。这一切都是他们对待工作所持有的态度造成的，也源自于他们的责任意识。

"工作是体现人生价值和社会价值的最佳形式，人因为工作而获得自我满足，社会因人们的努力工作而不断发展。"我们大多知道或听说过这样的话。确实，人们一直提倡的敬业精神要求每个人敬重自己的工作，从不敷衍工作，把工作当成一种神圣的使命，是有一定道理的，并且是我们获得事业成功的一个必要的条件和基础。然而，许多平庸的人总是将工作视为儿戏，把敷衍工作当成家常便饭；可在那些优秀的人看来，工作是一项最重要的人生使命，敷衍工作就如同亵渎使命。从不敷衍工作是脚踏实地工作的一个重要表现，它也体现出了作为一个优秀员工忠于职守、兢兢业业、一丝不苟、坚韧勇敢的职业精神，反映了优秀员工特有的责任感、使命感和道德责任感。

过去从来没有任何一个公司长期留用一个敷衍工作的员工，也从来没有任何一位老板喜欢这样的员工，现在直至将来任何时候也不会有这样的事情发生。敷衍工作的人不管在什么时候、什么地方都是不受欢迎的，而他们取得的成就也永远无法与兢兢业业的优秀员工相比。

那些在职场中获得很好发展的优秀员工，正是因为他们认识到了这一点，才能善于抓住机会，让自我得到较好的发展。

白领职场攻略

对工作不敷衍了事、脚踏实地是一种值得所有人学习的美德，积极主动抓住机会的员工把这一美德发挥到了极致，所以他们取得了令人艳羡的薪酬和大量的晋升机会。

3. 全力以赴才能牢牢把握住机会

就像是一首歌中所唱的一样：没有人能随随便便成功，不经历风雨怎么才能见彩虹。在职场中，我们能否抓住加薪与升迁地机会，在于能否将要做的事做好。这就决定了，我们在做事时，应当牢记需要完成的任务，坚定不移地为实现这一任务而努力，无论面临什么样的困难和阻碍都要全力以赴去做。

只有当我们对所要做的事全力以赴，才能真正地把握住机会。

余则成，在开始的时候，只是一个普通的外勤人员，最后却成为军统天津站炙手可热的人物，其原因何在呢？说来说去就在于他在做任何的事情都会认真去面对，会全力以赴将它做好。在这儿，我们暂且不去看他奉命到军统天津站时所接受到的一些任务以及怎样化险为夷顺利将任务完成，还是来看看在电视剧中《潜伏》的一些事例吧！例如，罗掌柜也向他下达了新的任务：洛阳八路军办事处出了一个叛徒——袁佩林，此人已经供出了多个秘密潜伏的成员，首要之急，是必须尽快除掉此人。余则成发觉此人应该在李涯手中，但是又不怎么确定，除了自己多方进行调查之外，还让翠平在打牌时留心站长夫人们的无心之言。余则成根据所有的线索推算，袁佩林可能被李涯藏在妓院里。经过仔细的调查和研究，余则成终于确定了李涯把袁佩林藏在一间叫绣春楼的妓院。他马上与罗掌柜取得联系并制定了暗杀计划。是夜，两名扮作国军士兵的交通员大闹绣春楼扰乱了李涯的部署，一条黑影趁乱潜入袁佩林的房间，使得叛徒身首异处。

我们知道，无论做什么事要想获得成功，就必须有所付出，我们付出的越多所能拥有的结果就越好。然而，在现实的职场中太多的人，他们虽然强烈地渴望加薪或者是职位的提升，然而却难以真正全力以赴地投入到工作之中，更没有意识到他们一直以来寻找的机会，就蕴含在自己每日所做的工作中，只要把自己的工作做得比别人更完美、更迅速、更正确、更专注，调动自己全部的智力，全力以赴，从旧事中找出新方法来，就能引起别人的注意，就会有发挥本领的机会，以满足心中的愿望。

徐强在大学毕业后，在国际贸易公司上班，他很不满意自己的工作，忿忿地对朋友说："我的老板一点也不把我放在眼里，改天我要对他拍桌子，然后辞职不干。"

"你对公司的业务完全弄清楚了吗？对于他们做国际贸易的窍门都搞通了吗？"他的朋友反问。

"没有！"

"君子报仇三年不晚。我建议你好好地把公司的贸易技巧、商业文书和公司运营完全搞通，甚至如何修理复印机的小故障都学会，然后辞职不干。"朋友说，"你用他们的公司做免费学习的地方，什么东西都会了之后，再一走了之，不是既有收获又出了气吗？"

徐强听从了朋友的建议，从此便默记偷学，下班之后，也留在办公室研究商业文书。

一年后，朋友问他：“你现在许多东西都学会了，可以准备拍桌子不干了吧?”

“可是我发现近半年来，老板对我刮目相看，最近更是不断委以重任，又升官、又加薪，我现在是公司的红人了!”

“这是我早就料到的!”他的朋友笑着说：“当初老板不重视你，是因为你的能力不足，却又不努力学习。而后你痛下苦功，能力不断提高，老板当然会对你刮目相看。”

从上面的事例中，我们可以看出，下了决心干一件事情，并全力以赴，就能开发出自身的无限潜能，克服障碍，从而获得自己所期望的成功，得到加薪与升迁的机会。

早在许多年前，心理学家兼哲学家詹姆斯就曾这样写道：“与我们应有的表现相比，我们实在只发挥了一半的潜能。”的确，我们都没有全力以赴。那些研究人类潜能的科学家估计，人类有90%的能力从未动用。有的专家甚至说，人类潜藏未用的才能高达95%。

阻止我们施展才能的因素不外乎有三种：

(1) 我们没有认清自己的能力。过去的教育都是教我们注意自己的缺点和错处。等到工作以后，做得好没有人赞赏，一出了错就受到指责，这也就难怪我们总觉得自己的能力有限。

(2) 我们有时又高估了自己的能力。这并不是说我们没有能力达到预定的目标，而是由于高估自己的能力，所以我们不能做充分的准备，又不能坚持，因此惨遭失败。

(3) 也是最重要的，我们根本忽略了自己多方面的宝贵才能。我们从小就局限自己，发现了自己的一两种才能之后，就再也不去发掘其它才能，有些人尽多年之力发展了一项才能，不料天有不测风云：一名技术工人被机器人取代；一位中年女秘书被逼学习操作计算机；一位在职30多年的主管人员因公司合并而遭到裁撤；一位企业家的公司因市场情形转变而倒闭。上述这些人原有的才能忽然之间都失去了用武之地，他们是否应该感到挫折和不幸呢？其实，只要他们能了解，成功和幸福也许在另一领域等着他们，而他们也有潜力达到新的目标，就完全不必懊丧了。

在我们的社会生活中，四处弥漫着“差不多精神”。上班的人8点钟打卡，就开始盼望着5点钟的下班铃声，不管是管理人员还是一般职员，都把工作当作是两个周末之间的插曲，而且大家都喜欢说：“别太卖力啦！”

但是，当我们看到别人凭心力赚了大钱时却是又羡慕又嫉妒，而这正是我们的缺点：要不是我们自甘平庸，我们也能够成功。但一般人却不愿自己的缺点被揭穿。其实，没有人天生就是是赢家。财富、成功和幸福的获得是长久努力的结果，而不是单靠运气。在人生成功的人个个都勤奋工作，而且通常费时甚久才达到目标。每天在工作上，我们都要用我们的能力去应付难题，与别人一较高低。倾其全力，等于锻炼了自己的意志、头脑和体力。在完成任务后或处理困难局面的过程中，我们的心智亦趋成熟，可以担当更艰巨的任务或更重大的责任。也正是因为如此，我们不论做什么工作，担任什么职位，都要全力以赴，才不至于埋没了自身的才能。

也许有人会说：“这份工作不值得我做。我这么聪明能干的人，不应该去做这么卑微的事。”他轻视现有的职位，不肯全力以赴。他不满不安，不快乐，并且毫不掩饰自己的情绪，最终他失去了这份工作，到时候，受到损害的不是这份工作，因为自有别人接手去做；真正受害的是这个人本身，他自毁前程。其实世界上没有任何工作是卑微到不值得好好去做的。只要我们全力以赴把它做好，照样能够做出一番大的事业出来。

张丽大学毕业后来到北京，想在出版界找个工作，但没有人雇用她。最后，迫于生计，她只得到一家饭店当服务员。

尽管有那些不如意，张丽毫不气馁，而是尽自己最大努力干好工作。她认真负责，动作熟练，永远笑脸迎人，过了几个月，有一位常客问她："我想你不是一直做服务员吧？你还做什么工作？"张丽回答道："我是想找一份编辑的工作，因此我晚间在这里上班，白天出去应征谋职。"这位客人正是一个有名的出版商，他正要找一位聪慧的年轻的助理，于是约见张丽面谈，结果张丽得到了这个工作。

不难看出，张丽切切实实践行了"全力以赴"的原则，直觉上，她认为女侍的工作非但不是绊脚石，而且还是个增长经验的阶梯，只是没想到这一步能跨得这么远，这么长。

毫无疑问，事无大小，每做一事，总要竭尽全力，求其完美，这是成功者的一种结论。凡是有所作为的青年，都是那些做事不肯自安于"尚可"或"马马虎虎"，而必求尽善尽美的人。

在日常工作中，把那些寻常细微工作认真地做好，才有可能使人渐渐地走上重要的岗位并创造出更多的财富。日常奉献出来的认真和勤奋，可以使我们进入"上升"之门。在做事时，只要你竭尽所能，干得比一般人更好，更敏捷，更精确，更可靠，更能不断创新，运用自如，你自然能引起上级的重视，使你不断发展和进步。

你工作的质量往往会决定你生活的质量。在企业里随处可见这样的人，他们的目标只是想过一天算一天，他们不断地抱怨自己的环境，就像是一块浮木，在人生之海上随波逐流，能找到怎样的工作，便担任怎样的职务，而且做事情能省力就省力。他们最高兴的是午餐时间、发薪日以及5点钟下班的时候。他们混过一天，回到家，一边喝啤酒一边看电视。难道这就是一切吗？在工作中应该严格要求自己，能做到最好，就不能允许自己只做到次好；能完成100%，就不能只完成99%。不论你的工资是高还是低，你都应该保持这种良好的工作作风。每个人都应该把自己看成是一名杰出的艺术家，而不是一个平庸的工匠，应该永远带着热情和信心去工作，应该全力以赴，不找任何借口。得过且过的人在任何一个组织都很难升到中层职位以上。

白领职场攻略

全力以赴，将自己的工作做到比别人更快、更好，你就拥有了比别人更多的加薪、升职机会。

4. 越是具有挑战性的工作就越要做好

当我们就职于某一家公司，我们所做的每一项工作都是一个机会，做好了这些工作就等于是主动地抓住了机会，仅仅只是如此，我们同样难获得更好的生存与发展，因为，每一个身在职场的人都拥有同样的机会。我们要想得到更好的发展，就必须敢于向“不可能完成”的任务挑战，并且越是有挑战性的工作就越要做好。在《潜伏》一剧中，余则成所要去完成的任何一件任务，都不是简简单单就能做好的。例如在剧中，因我军攻占东北，战事很快会波及到天津，站长吴敬中已经无心理会政事，他把最新的秘密潜伏计划——“黄雀行动”交给好强的李涯全权处理，自己却忙于将财产转移到台湾，并企图说服已被他视作心腹的余则成跟他一同离开。余则成当然不会跟他走，他和廖三民正忙于打探天津的城防部署，以便为我军攻打天津献上一份大礼！李涯整日忙于对“黄雀行动”进行部署，站长也只专注于为自己修好后路。这样的形势对余则成十分有利，他能抽出更多的时间跟廖三民碰头商议窃取天津城防部署的计划。余则成和翠平终于成了真正的夫妻，他们在家中进行了简单的婚礼，翠平觉得很幸福。面对时事的冗乱，翠平却执意不肯自己先撤退，看来余则成之前的担忧都成为了现实，有了家的人必定会有拖累。廖三民了解到，掌握天津城防布控图纸的钱斌即将去南京述职。钱斌一走，关键的情报就会流失，情急之下，惟有让他“走不了”。余则成打探到，钱斌常年患有哮喘病，他把哮喘病人禁忌的药物下到了钱斌最喜欢喝的红酒里……一切如计划进行，钱斌住院了。站长没有让李涯插手钱斌被投毒的案子，痊愈的钱斌本来应该被送到北平，负责转移他的余则成把他送出了城，迎接他们的当然是根据地的同志，钱斌顿时傻了眼。

虽说《潜伏》只是一部电视剧，但是余则成用他的经历告诉了身在职场中的我们：要想获得更好的发展，不仅仅要做好一些普通的工作，还要敢于做一些具有挑战性的工作，并且越是具有挑战性的工作就越要做好它。

在现在的职场中，虽然很多人颇有才学，具备各种获得老板赏识的能力，但没有被老板重用的一个致命弱点就是缺乏挑战的勇气，只愿做职场中谨小慎微的“安全专家”。对不时出现的那些异常困难的任务，不敢主动发起“进攻”，一躲再躲。他们认为：要想保住工作，就要保持熟悉的一切，对于那些颇有难度的事情，还是躲远一些好，否则，就有可能被撞得头破血流。如此一来，他们与更好的生存与发展机会擦肩而过，也就只能处在原来的位置了。

西方有句名言：“一个人的思想决定一个人的命运。”不敢向高难度的工作挑战，是对自己的潜能画地为牢，只能使自己无限的潜能化为有限的成就。与此同时，无知的认识会使你的天赋减弱，因为你的懦夫一样的所作所为，不配拥有这样的能力。

“职场勇士”与“职场懦夫”，在老板心目中的地位有天壤之别，根本无法并驾齐驱，相提并论。一位老板描述自己心目中的理想员工时说：

“我们所急需的人才，是有奋斗进取精神、敢于向‘不可能完成’的任务挑战的人。”具有讽刺意味的是，世界上到处都是谨小慎微、满足现状、惧怕未知与挑战的人，而勇于向“不可能完成”的工作挑战的员工，犹如稀有动物一样，始终供不应求，是人才市场上的“短手货”。

在如此失衡的市场环境中，如果你是一个“安全专家”，不敢向“不可能完成”的任务挑战，那么，在与“职场勇士”的竞争中，永远不要奢望得到老板的垂青。当你万分羡慕那些有杰出表现的同事，羡慕他们深得老板器重并被委以重任时，你一定要明白，他们的成功决不是偶然的。如同禾苗的茁壮成长必须有种子的发芽一样，他们之所以成功，得到老板青睐，很大程度上取决于他们勇于挑战“不可能完成”的任务。在复杂的职场中，正是秉持这一原则，他们磨砺生存的利器，不断力争上游，才能脱颖而出。

职场之中，渴望成功，渴望与老板走得近一些，再近一些，是多数员工的心声。如果你也在其列，那么当一件人人看似“不可能完成”的艰难任务摆在你面前时，不要抱着有“避之惟恐不及”的态度，更不要花过多的时间去设想最糟糕的结局和不断重复“根本不能完成”的念头——这等于在预演失败，就像一个高尔夫球员不停地嘱咐自己“不要把球击入水中”时，他脑子里将出现球掉进水中的映射。试想，在这种心理状态下，打击出的球会往哪里飞呢？

怀着感恩的心态主动接受它吧。用行动积极争取“职场勇士”的荣誉吧。让周围的人和老板都知道，你是一个意志坚定、富有挑战力、做事敏捷的好员工。这样一来，你就无须再愁得不到老板的认同了。

你也许会用“说起来简单做起来难”来反驳这些思想。其实，很多看似“不可能”的工作，困难只是被人为地夸大了。当你冷静分析、耐心梳理，把它“普通化”后，你常常可以想出很有条理的解决方案。

而最值得一提的是，要从根本上克服这种无知的障碍，走出“不可能”这一自我否定的阴影，跻身老板认可之列，你必须有充分的自信。相信自己，用信心支撑自己完成这个在别人眼中不可能完成的任务。

信心会给予你百倍于平常的能力和智慧，因为“自信的心”能够打开想像的心锁，让你能够驰骋在理想的空间，赋予你实现梦想的“关键元素”——足够的能力和智慧。

你或许还发现了这样一种情况：在你的周围，那些十分自信的同事总能把工作完成得很好，而在你眼中，这些工作常是不可能完成的。可是到了他们那里，一切都迎刃而解，因此，他们越来越受到老板的器重。

此时此刻，在了解了自信的魅力后，相信你不会再对他们投注那么多的惊叹和质疑。要知道，如果你自己拥有了足够的自信，同样也有能力化腐朽为神奇，将“不可能”变为“可能”。

当然，在灌注信心的同时，你必须了解这些工作为什么被称为“不可能完成的工作”，针对工作中的种种“不可能”，看看自己是否具有一定的挑战力，如果没有，先把自身功夫练足练硬，“有了金刚钻，再揽瓷器活儿”。你必须知道，挑战“不可能完成”的任务常有两种结果，成功或失败。而你的挑战力往往使两者只有一线之差，不可不慎。

但是，如果你对自己的挑战力判断有误，挑战之后让“不可能完成”变成现实，千万不要沮丧失望。聪明、成熟的老板，一定不会只看结果是成功还是失败了，他还会观察你的敢于挑战的工作态度和头脑的运用。他比任何人都明白，没有一种挑战会有马到成功的必然性。所以，你依然是老板喜爱的“职场勇士”。同时，你所经历的、所得到的，都是胆怯观望者们永远都没有机会知道的——因为他们根本就不敢尝试。

白领职场攻略

最能证明你价值的并非是你的日常工作做得有多么的漂亮，而是在于你是否将一些他人认为不可能做好的事做好。

5. 主动抓住机会不等于莽撞

在工作中，我们遇到问题和阻挠是再正常不过的事，想取得成功便需要把这些问题和阻挠一一解决掉。这些问题和阻挠是各式各样的，那么怎样才能解决它们呢？是按着原来的经验方法去做，还是……在《潜伏》中，余则成在执行刺杀李海丰的行动中，也就是为他奠定了以后在军统天津站地位的事件中，就接二连三地遇到了许多问题与阻扰，但是他最终还是顺利地将任务完成了。他之所以能够顺利地完成任务，除了上述的几点之外，还有一点就是他会根据实际的情况加以变通，寻找更好更合适的方法把工作做好。

余则成告诉我们，要想抓住机会，并不是依靠单纯的冲劲，还需要一定的方法和技巧，要开动脑筋，根据实际的情况学会变通。

然而，在现今的社会中，一些身在职场中的人，他们虽然很是卖力地工作，却难以取得好的生存与发展的机会，他们在执行的过程中缺少思考，不懂变通，只会在固定的思维模式中苦苦挣扎，寻找不到出口。下面的故事就能很好的说明这一点。

一家著名的公司为本公司的精英们组织了一次培训机会。他们所请的讲师是世界最有名的成功人士。当讲师走进来时，左手提着个大包，右手擎着个涨得圆鼓鼓的气球。精英们十分惊奇，但还是有人拿出笔和本子，准备记下讲师成功的经验和坦诚的忠告。

“噢，不，不！”讲师说道，“你们不用记，只要用眼睛看就足够了，我的演讲将非常简单。”讲师从包里拿出一只开口很小的瓶子放在桌上，然后指着气球对大家说：“哪位能告诉我怎样把这只气球装到这只瓶子里去？当然，你不能这样，嘭！”讲师滑稽地做了个气球爆炸的手势。

大家面面相觑，都不知讲师葫芦里卖的什么药。终于，一位精明干练的年轻人说：“我想，也许可以改变它的形状……”

“改变它的形态？嗯，很好，你可以为我们演示一下吗？”

“当然。”年轻人走到台前，拿起气球小心翼翼地捏弄。他想把气球一点一点地塞到瓶子里。但这远远不像他想得那么容易，很快他发现自己的努力是徒劳的，于是他放下手里的气球，说：“非常遗憾，我承认我的想法行不通。”

“还有人要试试吗？”讲师大声地问，没人回答。

“那么好吧，让我来试一下。”讲师说。他拿起气球，利索地解开气球嘴上的绳子，“嗤”地一声，气球变成一个软软的小袋子。教授把这个小袋子塞到瓶子里，只留下吹气的口儿在外面，然后用嘴衔住，用力吹气。很快，气球鼓起来，涨满在瓶子里。讲师再用绳子把气球嘴儿扎紧。“瞧，我改变了一下方法，问题解决了。”

讲师拿起笔在写字板上写了个大大的“变”字，然后深深地吸了口气，说：“当你遇到一个难题，解决它很困难，你可以用你的方法。”他指指自己的脑袋，“思想的改变。现在你们知道它有多么重要了。这就是我今天要说明的。”

确实，在工作中，我们常常会遇到似乎难以解决的问题，这些问题就是讲师手中的“气球”，只要善于动脑，学会变通，问题就会迎刃而解。

变通能够使我们化不可能为可能，变劣势为优势，使我们在职场之路上走得更加从容，更加游刃有余。

当我们遇到困难的时候必须学会变通。因为实际的情况在不断地变化，我们必须随着实际情况的变化而不断变化。正如诸葛亮所说：“因天之时，因地之势，依人之利而所向无敌。”只有这样，我们才能克服各种困难走向成功。

每个人的自身条件都不一样，每个人工作环境也都不一样，每个人遇到的困难也不尽相同，但是有一点是一样的，那就是懂不懂变通将决定其是否能够最终取得成功。

萧伯纳说：“聪明的人使自己适应世界，而不明智的人只会坚持要世界适应自己。”

变通是人世间最大的智慧，是智慧中的智慧。变通不仅是一种方法，是一种策略，更是一种艺术，一种永恒。

假如我们陷入困境，面对难题，不要焦虑，不要消沉，有一条路可以绕开人生路上很多的坎坷使我们走向成功，那就是变通。

变通有多种方法，其一就是逆向思维法。这也就是说，站在问题的对立面去看去想，就会有意想不到的发现，原来自己面对的困难并非无法克服。死钻牛角尖的人，只会碰得头破血流。

其二，也可以运用实际锻炼法。实践出真知。灵活的思维，多变的想法，新颖的创意，多来自于不懈地磨练。你可以多练习脑筋急转弯，可以尽量多地和别人交流，借鉴别人的新思想。

白领职场攻略

要想把事情做得比他人更好，所需要的不仅仅是我们的工作态度以及激情，而是在于我们是否是在用脑做事。

6. 事前思考能少做无用功

很多的人做事都很有魄力，面对事情往往稍加思索就去做了，由于事前考虑的不充分，行动过程当中难免出现一些漏洞，本来我们要做自己的正事的，但是在其他环节上却耗费了我们不少精力，致使事情做得很不成功。其实这是我们做了太多的无用功造成的，归根结底还是事前思考得不全面。余则成之所以能够面对许多突发的事件，最终能化险为夷，便在于他并不轻易盲动，而且会积极思考，去寻找最好的方法。例如，在《潜伏》一剧中，诡计多端的谢若林为摸清翠平的底细，找到了曾经当过八路军的汉奸许宝凤，想让她演一出好戏，从涉世未深的翠平的嘴里套出些实情。翠平和站长太太去烧香，化妆成受伤的八路军战士的许宝凤倒在了她们面前。翠平将许宝凤安置在一家客栈，许宝凤用谢若林提供的情况作诱饵，翠平很快就向她暴露了真实身份。翠平哪里知道，她和眼前这位"好同志"许宝凤的对话，都被事先藏在皮箱中的微型录音机录了下来。谢若林将录音带卖给了李涯，本来已经心灰意冷的李涯又开始蠢蠢欲动。本以为帮助了战友的翠平，把一切告诉了余则成，余则成断定翠平中了圈套，好在事情还有挽回的余地。为了控制局面，安抚慌乱的翠平，余则成并未将实情告诉翠平，而当下之急，就是要先转移罗掌柜的交通站。新的交通站迅速的建立起来了，联络人是执法队的廖三民。余则成借廖三民之手监禁了许宝凤。再让我们看看现今职场中的一些情形吧！如今在职场中的一些人，在遇到问题和面对危机时，他们往往急于想要解决问题，而缺乏思考，从而使得自己陷入困境之中。

阿彪毕业后准备做销售工作，他觉得自己比较适合做销售。阿彪在学校是班干部，办事能力还算可以，没面试几家公司就被一家录取了。开始只能做业务员，拿着产品到最底层做宣传促销，但是阿彪很有信心，觉得自己完全能做好此项工作。

接到第一份任务后，阿彪干劲十足，头天晚上准备一番就早早的休息了，第二天很早就赶往预约好的客户那里。坐上公交车阿彪还不住地想：自己见了客户该说些什么呢？主要是对产品的讲解，只要能把产品的性能讲得有声有色，就不难将客户“拿下”。然后阿彪还不住地翻看说明书，其实他已经背过好几遍了。

公交车行了很久，阿彪觉得该下车了，就问售票员自己的站牌还有多久，但是售票员说该路车不过那个路线，另外一辆车次才过那个站牌。阿彪恍然大悟，知道自己记错了车次，两个车次号很相近。阿彪随后下了车，又向交警打听自己要去的地址，结果发现自己坐到了另外一个方向，离去处更远了，要倒三次车才能到达。阿彪急忙找站牌，因为与客户约好的九点钟。但是路线很长，又加上倒车、堵车，阿彪赶到目的地已经十点钟了。一打客户手机，客户埋怨不止，说已经不在家等阿标了，并说他们公司毫不讲信用，随便耽误别人的时间。弄得阿彪白跑了一趟，只好垂头丧气地回去了。

阿彪本来是与客户约好面谈的，结果在车次上坏了事，还没见到客户就被拒绝掉了。主要还是因为他事先考虑得不够充分，没有做好准备工作。如果他头天晚上将地址、车次等问题都弄得清清楚楚，第二天很轻松就到达目的地了，怎么还能出现坐错车次的问题呢？

人们经常说：三思而后行，如果我们考虑不周全，就很容易忽略事情的细小环节，造成中途出现其他问题，然后再急于处理，这显然是多出的无用功。无用功占去你很大一部分精力后，往往在正事上你的精力就不足了，或是直接耽误、破坏了你的正事。就像上面的阿彪，约客户面谈本来是一件很简单的事情，他却因为没弄清车次耽误了时间，结果被客户拒绝了，导致整个事情失败，他还白跑了一趟。

因此，我们要想在现今的职场中获得更好的生存与发展，就必须像余则成一样，在行事之前要学会思考，做好周密的计划，然后审视计划，该提前做的准备工作一定要做好，尽量减少不必要的环节，除去无用功，这样事情才能进展的更快。

白领职场攻略

要做将事情做得更好，要妥善地处理好所面临的难题，有些时候并不是我们有没有敢于面对它的勇气，而是在于我们是否学会了思考，是否有一个好的计划，找到好的解决方法。

7. 寻找借口只会让机会溜走

在做一件事中，遇到一些困难与阻碍是再过正常不过的了。而那些取得成功的人，他们之所以取得成功，就在于他们勇于面对这些困难与阻碍，去解决它，而不是寻找借口。每一件事之中都蕴含着机会，只要我们将那些事情做好，就能抓住机会。《潜伏》中的余则成就是这样的人，在这儿暂且不去叙述他是如何化解各种各样的困难与阻碍，最终完成任务，令戴笠对他另眼想看的。当他来到军统天津站之后，在执行军统天津站所交付给他的一些任务，以及站长吴敬中所交代给他的一些事时，他都没有去寻找任何的借口去拒绝，而是想尽办法去将它做好。

寻找借口，只会让机会溜走，这是余则成告诉给现今在职场中的我们的另外一个职场生存法则。事实上，在现实的生活中，有许多人恰恰是因此而使大好的机会从自己的身边溜走的。

武汉一家装饰公司有一位非常有名的家装设计师阿龙，不管发生了什么事情，或者是当预感到自己将接手的工作会给自己带来麻烦的时候，他总有各种各样的借口让自己从中解脱出来。例如：早上上班迟到他会说堵车；设计的图纸出了问题，他会说电脑出了毛病；要加班，他会告诉主管自己有多么重要紧急的事情需要处理……

虽然阿龙设计的图纸不错，可是最终还是被经理辞退了。

借口是干好工作的最大障碍。只要把寻找借口的时间和精力用到工作中来，工作一定会非常出色。要知道工作中没有借口，人生中没有借口，失败没有借口，成功也不属于那些寻找借口的人！在工作中，每个员工都应该发挥自己最大的潜能，努力地工作而不是浪费时间寻找借口。要明白，公司安排你这个职位，是为了解决问题，而不是听你对困难的连篇累牍的分析。

优秀的员工从不在工作中寻找任何借口，他们总是把每一项工作尽力做到超出别人的预期，最大限度的满足别人提出的要求，也就是“满意加惊喜”，而不是寻找任何借口，搪塞推诿；他们总是出色地完成公司安排的任务；他们总是尽力配合同事的工作，对同事需要帮助的请求，从不找任何借口拖延或敷衍。“决不找借口”干工作的人，他们身上所体现出来的是一种服从、忠诚的态度，一种负责敬业的精神，一种完美的执行力。“绝不找借口”理念的核心是敬业、责任、服从、诚实，这一理念是提升企业凝聚力、建设企业文化最重要的准则之一。

借口是拖延的温床，习惯性的拖延者往往也是制造借口的专家，他们每当需要付出劳动或做出抉择时，总会千方百计找出不同的借口来安慰自己，解脱自己，逃避责任。有了找借口的习惯，工作起来往往就不诚实，因此，他的工作也必定遭人轻视。借口可以推卸责任，这是找借口惟一的好处，也是为什么会有那么多找借口的人的原因。找借口，也把应该自己承担的责任转嫁给社会或他人，只为自己制造一个安全的角落。这样的人，在公司中不会成为称职的员工，也决不是公司可以期待和信任的员工，在社会上更不是大家所可以信赖和尊重的人。一个积极主动，并且善于抓住机会的人，他们在面对工作时，绝对不会投机取巧，要小聪明的，而是尽职尽责地将工作做好。

白领职场攻略

耍小聪明找借口的员工是难以获得老板信赖的，更不可能在职场中获得很好的生存和发展机会，因为在寻找借口推脱的时候，实质上便是拒绝自我成长。

8. 把精力放在最重要的事情上

不可否认，余则成在执行刺杀李海丰任务的过程中，因同伴吕宗方的死去，他所要面临的问题和阻扰有很多。他将要怎样去面对这些问题呢？是一件件地将它处理好，还是……如果真的是那样的话，恐怕现有的三十集的容量是难以表达清楚的，说不准儿还会有另外一种结果，那就是余则成所执行的将会是一个永远无法完成的任务。他并没有将精力放在如何去处理好那些琐碎的事情上，而是将全部的精力放在了如何刺杀李海丰之上。就这样他顺利地完成了任务。

我们都知道，人的体力和精力是有限的，它决定了我们不可能将每一件事情都处理好。从发生在余则成身上的事情中，我们同样得到了一个启示：我们只有把精力放在所要做的事上，才能更好更快地将事情做好，从而抓住机会。对任何员工来说，假如你不能把精力放在最重要的任务上，注意力总是分散的话，就无法完成任务，又怎能抓住机会？

把主要的精力放在重要的事情上，说到底就是怎么去安排时间，怎么管理时间。德鲁克在《有效的管理者》中提到那位著名的总裁，他一生只做了三件事，但却极大地改变了公司的命运，使公司由默默无名变成世界性的公司。比尔盖茨成功的秘诀也在于只做他最擅长的事，就是研发软件，而把他自己未必擅长，也没有时间、没有更大兴趣的管理职责交给鲍尔默。李嘉诚也是如此，他把许多事情转包给别的公司干，而且有意让他们获利。反观常人，他们非常容易被繁杂小事围困，当然许多小事在开始的时候不得不做。但有远见的人、有毅力的人却能够尽可能地把自己的时间和精力投入到有巨大转变作用的事务上，最终能够达到“四两拔千斤、巨擘动全球”的效果。

人到底为什么要管理时间，管理时间的目的是什么？当然是为了实现目标。如果你设定了一个目标，要在30岁以前挣到100万，为了这个目标，你必须要做到哪些事情，就能挣到100万？目标的实现是有期限的，所以我们要进行时间管理。其实，时间根本无法管理，因为他一分一秒地在往前跑。

我们要做的事情分为很多种，一种叫做紧急的，一种叫做重要的。大部分人都在做紧急的事情，而重要的事情都不做。比方说，他知道读一本书很重要，他知道思考一个项目很重要，他知道上某些课程很重要，可是他不做。因为，他在忙着做紧急的事情，比如这个月的账单还没有结，赶快去结，朋友来上海了，赶快去接站，某某地方有人等我赶快去。可是，这些紧急的事情对他的目标并没有什么帮助。

世界上最著名的推销训练大师叫做王建·哈克，他讲过一句话："每一分每一秒都去做最有生产力的事情。"

什么叫最有生产力事情？对一个销售员而言，他天天打电话拜访顾客，不会有业绩，他天天整理资料也不会有业绩。那么他到底做什么才会有业绩呢？面对面拜访顾客，才会有业绩。所以，他应该把大部分的时间用到见顾客和销售产品上。这就是每一分每一秒都在做有生产力的事情。

在时间管理里，既重要又容易被人忽视的一点就是，这件事情"只有你"能做，别人无法取代。打比方说，一个公司的老板，他不应该亲自去销售产品，他不应该亲自去开会，他不应该亲自去管理公司。因为这些事情都可以让别人做。什么是只有他能做而别人无法取代的呢？做决策是别人所无法取代的。做前景规划，做方向的调整，是别人无法取代的。而对一个销售经理而言，他要做的不是亲自去销售，而是要管理好销售人员。发挥每一个人的最大作用。如果每一个人把每一分每一秒都做成最有生产力的事情，那么时间管理就好起来了。

其他的事情怎么办？每一个人都要学会有效地授权，什么叫有效的授权？就是所有可以授权的事情，全部都要授出去，能让别人做的事情，尽量让别人做，自己只做有生产力的事情。

再有一点就是，在同一个时段、同一个地点只做一件事情。如果一天工作八个小时，又要去开会，又要去见顾客，见完顾客又去了一趟银行等等做很多事情，这样做是没有效益的。

时间管理要求统筹规划，把长远目标跟短期目标结合起来，这样就能使你的整个人生都有了一幅蓝图，并且使你的眼前小事跟人生的长远目标结合起来，这就使你所做的小事有了更加不凡的意义！也使你的工作和生活更加有积极性。

有些是重要的事，有些是不重要的事；有些是紧急的事，有些是不紧急的事。那么真正能有所作为的人他们所做的最多的都是一些重要的但不紧急的事，这样才能从容不迫，游刃有余。反之那些忙人常会做一些紧急又重要的事，如平时不注意防火，等到事发了才忙得焦头烂额，平时不认真读书，等到考试前急着学习，加班加点却常没好结果。

所以你要成为一个积极高效的人，要有自己的目标，要懂得为自己的长远目标服务。要劳逸结合，做事追求事半功倍，在最短的时间内做出最有效果的事！最终成为这个世界上最成功的那个金字塔尖的风云人物！

时间管理的最后一个概念就是，与成功者交往。因为与成功者交往也会快速地学到一些方法和经验，快速地成长。而且通过与成功者的交往，你会快速地积累人脉，这是与一般人交往所得不到的。

为此，你需要在以下几个方面加强注意：

1）自己不擅长的工作请别人代劳

有效率的人为什么会快乐呢？

人在从事自己擅长的工作时最快乐，创意也会接连不断地涌出，使工作速度越来越快。

而没效率的人则相反。其实不管是谁，在从事不擅长的工作时动作都很慢，更别说是去挑战做不到的事，那根本就是有勇无谋的举动。

有效率的人会很快地将工作分成“会做”和“不会做”两种。

只专心做“会做”的部分，“不会做”的便交付他人处理。这么一来工作效率自然会提高，成功率也会达到理想的目标。

世界上最悲哀的事，莫过于要努力去做好不会做的事，这绝对是既无趣又辛苦，而且无法提高产能，又容易招致抱怨、诋毁，让自己感觉低人一等、自信心低落的事，可以说是一点好处也没有。

一般而言，工作方式分成以下三种：

①全部自己处理

也就是每件工作都自己处理完成，但是工作很多、分身乏术，所以到最后可能会演变成慢性疲劳。

②负责统筹分配

将接连而来的工作分配给 A、B 两人去执行，只要能清楚知道每个人的能力所在，工作就能顺利完成，自己也落得轻松。

世界上有很多经营者做的工作就是执行分配，让员工代为做各式各样的工作。

③委托外发

这个和分配的工作很像，差别在分出更多的权限。将工作分配给 A、B 两人之后，再以业绩判断分配是否恰当。这就像股份有限公司的经营形态，股东请经营者做判断，经营者则委托经营干部、员工执行业务。

世界上没有一位成功的经营者，是一手包办所有业务的超人。大家都懂得将工作分配、委托给其他人去执行、代劳。“这里躺着一个人，他懂得和比他更聪明的人合作！”这是钢铁大王卡内基的墓志铭。

若能清楚地知道自己的优缺点，并找出可以和自己互补的人，不但能够节省时间，也必定能提升成效。

2）先做最重要的

虽然每一件工作都很重要，但是透过“重要度”这个评量滤网，可以清楚地权衡出每件工作的轻重缓急。当然是“重要度大”的工作最重要，所以要最优先处理。

一个有效率的人能从公司经营者的价值观及公司经营方针来判断每件工作的轻重缓急，做出最有利于公司的决定。

举例来说，如果对业务而言业绩最重要，那么当然要以最能提高公司业绩的客户为优先。不懂得做这种区分的业务，不但无法达成公司的业绩要求，更无法对公司的营业计划有所贡献。

明明应该多与可大幅提高业绩的客户接触，有些业务却因交情（较容易取得约会机会）因素，未能如此。能大幅提高公司业绩的多以大企业为主，但是要和大企业做生意并不容易，因此每个人都想避开，甚至不愿前往拜访，反而找有交情的熟客户拉业绩。如果能因此对业绩有所帮助，此举倒是无妨，但通常事与愿违，因此跑得越勤，只是花费越多的成本罢了。

更重要的是还浪费了“时间”这个宝贵的资源。因此，长久下来不但无法达成预定的大目标，也让自己丧失了成长的机会。而有效率的业务员懂得把对业绩有极大帮助的客户，以及自己有把握的既有客户，穿插安排到自己的行程计划里。

再有，高效率的人懂得善用记事本。

在记事本中列出今天、本周、这个月要完成的所有工作清单，并且依照清单来决定优先顺序。最后，再按照优先顺序、逐步确实的完成。而且，优先顺序中排序第一的工作一定要先做，完成后才接着做第二、第三，不混淆顺序。这就是个人能否成为“有效率的人”最重要的关键所在。

白领职场攻略

学会管理自我的时间，将精力放在重要的事上，你就能把事情做得更好。

DI ER ZHANG

第二章

有理想没错，要懂得积累实现的资本
——看《潜伏》别学翠平挑肥拣瘦

在《潜伏》一剧中，翠平总想拿着盒子枪和手雷为革命工作做点儿贡献。她看到余则成每天忙里忙外，自己却不是参加宴会就是陪太太们打牌，心里颇为不平，不止一次跟余则成嚷嚷“你凭啥领导我啊”。直到左蓝为掩护余则成壮烈牺牲，翠平才终于明白了情报工作的危险性和重要性。此后翠平认真打进特务太太的圈子，并数次为余则成打探消息、传递情报，对掩护余则成的地下党身份发挥了重要作用。从翠平的身上我们可以看到，不要小瞧了任何一个工作岗位。任何工作都是从基础做起，那些成就大事的人，都是能把最不起眼的工作做得有声有色之人。

1. 放下身架，做好现在能做的事

翠平，《潜伏》中那个由姚晨扮演，被组织上委派来充当余则成潜伏工作的“妻子”，原本是一个游击队员。这个有着革命激情，强烈的想要为革命做出一番贡献的女人，在众多观看过此剧的观众心中留下了深刻的印象。对很多身在职场上的人来说，他们所缺乏的或许正是这种激情，然而当我们在仔细观看此剧的过程中，又得到了另外一个答案：在有些时候，并不是仅仅有着理想与激情就够了，还要考虑到是否能够将事情做好。

剧中的翠平因没有意识到这一点，当她奉命来到军统的天津站，假扮余则成的妻子，配合余则成开展工作时，给余则成带来了一些不必要的麻烦。在剧中，我们多次看到，翠平在来到天津之后，给我们留下感触最深的可能就是，因为她看到余则成每天忙里忙外，自己每日里不是参加宴会就是陪太太们打牌，而感到不平，多次与余则成发生争吵以及闹一些小别扭，并且不断地抱怨余则成没有给她安排革命工作。以至于在这种情绪下，做出了许许多多险些给余则成带来致命的危险的事情。

如果将《潜伏》看作是一部现今职场生存智慧的教科书，翠平确确实实就像是一些刚刚进入社会，心中老是想着要干一番事业的年轻人。他们老是想着要做一番大的事业，取得大的成就，从而不能放下自我的身价。纵观那些有所成就的人的经历，他们之所以能够拥有以后伟大的成就，就在于他们知道即便是自己的理想再大，如果不能放下自我的身价，去做好现在能做的事，再伟大的理想和抱负都只是一个不能实现的梦。

人的“身架”是一种“自我认同”，并不是什么不好的事。但这种“自我认同”也是一种“自我限制”，也就是说：“因为我是这种人，所以我不能去做那种事”。而自我认同越强的人，自我限制也越厉害，千金小姐不愿意和普通女同桌吃饭，博士不愿意当基层业务员，高级主管不愿意主动去找下级职员，知识分子不愿意去做“不用知识”的工作……他们认为，如果那样做，就有损他的身份。

其实这种“身架”只会让人的路越走越窄，并不是说有“身架”的人就不能有得意的人生，但是，在非常时刻，如果还放不下身架，那么，就会让自己无路可走。

你如果想在社会上走出一条路来，那么就要放下身架，也就是：放下你的学历、放下你的家庭背景、放下你的身份，让自己回归到“普通人中”。同时，也不要在乎别人的眼光和批评，做你认为值得做的事，走你认为值得走的路。

有一位留学美国的计算机博士，毕业后在美国找工作，结果接连碰壁。好单位没人要，坏的单位自己又放不下面子，结果只能待业。这样高的学历，这样吃香的专业，为什么找不到一份工作呢？万般无奈之下，这位博士决定不在乎面子，换一种方法试试。

他收起了所有的学位证明，以一种最低身份再去求职。不久他就被一家电脑公司录用，做一名最基层的程序录入员。这是一份稍有学历的人都不愿去干的工作，而这位博士却干得兢兢业业，一丝不苟。没过多久，上司就发现了他出众的才华：他居然能看出程序中的错误，这绝非一般录入人员所能比。这时他亮出了自己的学士证书，老板于是给他调换了一个与本科毕业生对口的工作。过了一段时间，老板发现他在新的岗位上游刃有余，还能提出不少有价值的建议，这比一般大学生高明，这时他才亮出自己的硕士身份，老板又提升了他。

有了前两次的经验，老板也比较注意观察他，发现他还是比硕士有水平，对专业知识的广度与深度都非常人可比，就再次找他谈话。这时他拿出博士学位证明，并叙述了自己这样做的原因。此时老板才恍然大悟，毫不犹豫地重用了他，因为对他的学识、能力及敬业精神早已全面了解了。

这个博士是聪明的，碰了几次钉子后，他放下身份与架子，不在乎博士的面子，甚至让别人看低自己，然后在实际工作中一次次地展现自己的才华，让别人一次次地对自己刮目相看，他的形象就逐渐高大起来。

许多年轻人在初入社会、进入职场时，往往把自己的一堆头衔、底牌全部亮出来，夸耀自己，结果要么让别人感到难以与你合作，要么招来很高的期望值而让人失望，稍有失误便不好翻身。倒不如放下身架，低姿态走入社会，反而会收获意想不到的成功。为何会如此呢？那是因为“放下身架”比放不下身架的人在竞争上多了几个优势：

能放下身架的人，他的思考将富有高度的弹性，不会有刻板的观念，还能吸收各种资讯，形成一个庞大而多样的资讯库，这将是他的本钱。

能放下身架的人比别人早一步抓到好机会，也能比别人抓到更多的机会，因为他没有身架的顾虑。

所以，即便你的水平再高，即便你的能力再强，即便你的头衔再多，即便你的人际再广，只有放下你的“身架”才可能真正提高你的“身价”。

白领职场攻略

无论你以前有多么优秀，都已经成为历史，你要想获得更好的生存与发展，就必须要放下自己的架子，脚踏实地做好自己现在所要做的事，因为你要知道，能够让你获得生存与发展的决定因素，并不是你想要做什么，而是你能做好什么。

2. 积极调整自我，迅速适应新环境

初到天津的女游击队队长翠平却难以适应新的环境和新的工作任务。在这个原来跟敌人面对面竞争的女人的观念里革命就应该跟敌人真刀实枪，拼个你死我活，以至于当她来到天津站之后，对一些日常的应酬感到厌恶，并时不时跟余则成闹情绪。在现今竞争激烈的职场中，确实有许多像是翠平一样的人，他们在来到新的环境或者是接受新的工作任务时，一时之间难以适应，还是按着原来的方式和思维去面对工作，这将对他们在职场的发展有着很大的阻碍。

王明被公司总部派往分公司，他一到分公司就直接找到总经理罗杰要求参加工作。

没想到，罗杰只让他搬把椅子坐在办公室的角落里，尽可能地不要引人注目，其他人在场的时候不要说话，不管是迎来还是送往，都不要离开这里。而且最起码要坚持一个月。并将自己看到的、听到的、想到的分析清楚记录下来。

王明感到莫名其妙，但是，既然到了这里，就必须听总经理的吩咐，他只好听从老板的安排，每天静静地坐在办公室的角落里，看罗杰怎样处理问题、迎接客户和管理下属。并且像个观察

员和评论员一样，记录着他的得与失……

惊喜开始出现了。随着时间的推移，他不仅适应了罗杰的工作方式，更学到了以前从未看到或想到的一些事情，尤其是罗杰如何化解各种矛盾、提高工作效率和激励员工士气的技巧，不但让他大开眼界，而且还使他从理论上得到了更深层的提高。

他终于明白了罗杰的良苦用心。后来，王明成了享有盛誉的国际管理大师，其成就应该说与他的这段适应经历不无关系。

身为员工，职场上的许多主动权并不掌握在自己手中，作为一名服从和执行者，适应力是必须具备的能力。很多人对心仪已久的工作或职位很容易适应，但当他们坐上十分不愿意坐的冷板凳时，常常起身愤然离去，从没想过端正坐姿，静下心来，直到用发自内心的热情将它焐热。他们选择消极、逃避和跳槽，却没想到这是对生命的浪费。所以，他们不仅得不到晋升，而且终将一事无成。

适应是一个学习的过程。没有人生来就懂得很多，就会做很多的事。每个有辉煌成就的人都是在不断的适应中丰富和成长起来的。同时，适应是没有终点的，只要有生命存在，就要不断面对挑战。一个人即使是小有成就，但如果放弃了在适应之旅中继续前进，那么，他终将被激烈的竞争和日新月异的时代所淘汰。

当然，职场上的适应，绝不是消极地认命或逆来顺受，聪明的人会在不同的岗位上汲取更多的营养价值，习惯于和各种不同类型的上司、同事和客户打交道，并在任何一个新的工作环境下都能做出非凡的业绩来。这才是真正意义上的适应，也是一个出色员工步入成功必须具备的能力。而一个随遇而安的人，只能一辈子守着眼前的一切，即使有机遇从他眼前走过，他也熟视无睹。

波音公司董事长沃尔逊先生在一份波音高层主管的发展计划

中，列出了包括十几个人在内的候选人名单，并将他们任命为自己的副手，以期为公司的未来选出最优秀的领导人。

经过激烈的竞争和严密的筛选，最后只剩下两名候选人萨德和雷兹。萨德的专长是工程，而雷兹的特长是企业策划。

为考验他们的适应能力，沃尔逊决定调换两个人的工作。

萨德在接到调职任命后，没有考虑就答应下来，然后去企划部报道，迎接新的挑战。

接着，沃尔逊又通知雷兹说："雷兹，准备一下，公司决定让你暂时离开企划部，去管理70727和737这几个部门。"

"可是，我根本不了解那儿的情况啊！"雷兹提出了疑问。

"你害怕承担责任吗?"沃尔逊皱起了眉头。

"不，当然不是。沃尔逊先生，我只是认为不应当冒险承担失败。"雷兹果断地回答。

沃尔逊的眉头舒展开来，他以命令的口气说："公司已经决定了，努力去干吧！"

雷兹只得走马上任了。不过他很快就适应了新的工作环境和任务，并成功地开发了737－300型飞机。这种飞机为波音公司赢得了大量的订单，大幅地提高了公司的利润水平。而此时萨德却陷入了焦头烂额之中。

接着，雷兹又被派到民机集团做飞机销售工作，他又很快适应下来。在各类商务谈判中，他以律师般的雄辩口才屡建奇功。另外，在波音与空客、道格拉斯等大公司的激烈竞争中，他为波音公司的最终胜出立下汗马功劳。

同时，通过不停地适应，雷兹的潜能被源源不断地激发出来，每到一个新的岗位，他总能以超出以往的能力处理好各种问题。后来，当他成为董事会主席的时候，他对波音公司的全体员工说："很多事实证明，在多层次上具有适应能力，并且在适应的过程中能够发扬光大的人，才是一个最出色的也是值得重用的人！”

物竞天择，适者生存。其实整个人类的历史就是在适应中求发展的过程，人类就是在不断适应的道路上探索、收获并走向文明与进步的。人们最终的成就之所以会有天壤之别，关键在于谁更能以积极进取的热情和坚忍不拔的理念，去不断地适应新环境，并在不断地迎接挑战中积累经验和能力。

白领职场攻略

适应能力是考察一个员工是否称职的一个重要方面，缺乏适应能力，进入不了工作状态，又如何谈得上干出成绩，为公司创造效益。有一个毋庸质疑的事实，那就是老板永远不会为了个别人而大幅改变自己的制度和计划。因此，卓越员工不论身处何种环境，都能够积极地去适应，这自然就更加容易得到老板的赏识了。

3. 戒除浮躁之心坐热“冷板凳”

对许多刚刚进入职场的年轻人来说，他们大多会像《潜伏》中的翠平一样意气风发，一走上工作岗位就想做出一番大事出来，觉得唯有如此，才能实现自我的价值，证明自己的实力。然而，有一个事实就是，任何的一家公司都不可能委以新进员工重任，即便是新进的员工能力再怎么优秀亦是如此。在很多的时候，他们并没有意识到这一点，反而心生抱怨。他们的这种情绪就势必影响到正常的工作，难以脚踏实地把事情做好，如此一来，又怎能得到老板与上司的重用，得到更好的发展呢？

要想在职场上得以更好的生存与发展，就必须改正像翠平身上那种急于做出一番事情，并觉得只有做重要的事情才能体现出自我价值的思想，而是应当调整自己的心态，脚踏实地地把现在能做的事情做好。这就是我们现今常说的，在职场中要有把“冷板凳”做热的决心。

在足球比赛中，除了上场踢球的十一个队员外，还有几个队员是不能上场的，俗称“板凳”队员。在一场比赛中，这些板凳队员有的只能上场几分钟，有的连上场的机会都没有。所谓“冷板凳”便由此而得吧！我们认为，坐“冷板凳”并不是一种没本事、丢人的事，即使是国脚也有“失脚”的时候，也要有坐“冷板凳”的勇气。只要还能坐“冷板凳”，就还算队中的一员，就总有上场的机会。如果你连“冷板凳”都坐不住，不要说赢不赢球，首先心态就不正，自己就已经输球了。

有一位外贸学院毕业的大学生，被分到某外贸公司当职员。小伙子非常能干，颇具实力，在刚进公司时很受老板赏识，但不知怎么的，在并没犯什么错误的情况下，他却被“冷冻”了起来。整整一年时间，老板从未过问他的情况，也不交给他重要的工作。但他从未抱怨过，也未因自己是专业毕业出身，为未受重视想讨个说法，他只是认为自己还是个新员工，坐“冷板凳”是必须的。果然，不久老板找他谈话了，并肯定了他一年多来默默无闻工作的成绩，还依据他的实际能力为他晋升了职位。同事们都说他把“冷板凳”坐热了。

我们不要把自己看得太高，坐不得“冷板凳”。大凡坐冷板凳，不外乎几种情况：一是本身能力欠佳，只能做一些无关紧要的事，却还没有到被炒鱿鱼的地步，因为在工作中犯了错误，使你的老板和上司对你的工作能力失去了信心，只好暂时把你“冷冻起来”。二是老板或上司有意考验你。人要做大事必须有面对挑战的勇气，面对困难的耐心，同时还要有身处孤寂的韧性。有时要培养一个人，除了让他做事之外，也要让他无事可做，一方面观察，一方面训练。这种考验事先是不会让他知道的，知道就不会是考验了。三是大环境有了变化。人说“时势造英雄”，很多人的崛起是由环境造成的，因为他的个人条件适合当时的环境，可当时过境迁时，英雄便无用武之地了，这时候你只好坐“冷板凳”。四是你冒犯了上司或老板。宽宏大量的人对你的冒犯无所谓，但人是感情动物，你在言语或行为上的冒犯如果惹恼了他，你便有坐“冷板凳”的可能。五是威胁到老板或上司。你能力如果太强，又不懂得收敛，让你的上司或老板失去了安全感，那么你便会受到冷冻。老板怕你夺走商机自己去创业，上司怕你夺了他的位置，那么让你坐“冷板凳”就是必然的了。

坐“冷板凳”的原因还很多，无法一一列举。大凡人遭到冷遇，难免都会自怨自艾，疑神疑鬼，而不去冷静思考、寻找原因。仔细想想，坐“冷板凳”也未必是什么不光彩的事情，大可借此机会调整自己的心态，蓄势待发，把“冷板凳”坐热，待时机到来时再大显身手。

面对冷遇，我们可以采取几种方法，化消极因素为积极因素。

一是强化自己的能力。在不受重用的时候，正是你广泛收集、吸收各种情报的最好时机。能力强化了，当时运一来，便可跳得更高，表现得更耀眼！而在坐“冷板凳”期间，别人也在观察你，如果你自暴自弃，那么恐怕要坐到屁股结冰了，而且恶评一起，再翻身恐怕就很困难了。二是以谦卑姿态来建立良好的人际关系。有些人不乏打落水狗的劣根性，你坐“冷板凳”，他们巴不得你永远不要站起来。所以要谦卑，广结善缘，但不要光提当年勇。光提当年勇不但于事无补，还会使你坠入怀才不遇的情境中，徒增自己的苦闷。三是要采取宽恕的态度。言谈举止中，且轻且淡，既可见自己的风度，也可留有余地，这种方式比破口指责、扬长而去更能让人接受。

总之，一旦自己坐了“冷板凳，”千万不要灰心丧气，而要冷静地对待冷遇，理智地对待困境。用平和的情绪、低调的姿态表现自己的真实，也许更能赢得他人的钦佩和认同。

白领职场攻略

无论目前的处境怎样的不如意，千万不要有怀才不遇的想法。只要你能调整心态，脚踏实地将自己所要做的工作做好，就能赢得老板与上司的认同，在职场中就会有良好的发展前景。

4. 正确的认识自我工作的价值

《潜伏》中的翠平，确实有些像是职场中一些对工作挑三拣四的人。她之所以在天津站与余则成假扮夫妻开展潜伏工作的过程中，对自己整日应酬阔太太和陪她们打麻将而感到厌烦，对整个潜伏工作中所做的事情感到厌烦，其中有一个主要原因，就是没能认识到自己工作的价值所在。这个原来当过游击队员，拿着枪和手榴弹与敌人厮杀的女人，单纯地认为只有拿起手榴弹和枪跟敌人对着干才是革命，才能体现出她革命的价值。

现今，许多身在职场中的人，他们得不到很好的发展，总是在抱怨自己所做的工作不怎么理想。没有什么多大的发展的人，其原因跟翠平一样，并没有认识到自己的工作价值所在。其实，身在职场中的我们，无论从事的工作多么琐碎，都不要看不起它。可以这么说，没有任何一样工作是没有价值的。只要我们能够认识到这一点，即便是在最普通的岗位都同样能做出一番事业。

一位年轻的修女进入修道院以后一直从事织挂毯的工作，但在做了几个星期之后她再也不愿意干这份工作了。她感叹道："给我的指示简直不知所云，我一直在用鲜黄色的丝线编织，却突然又要我打结，把线剪断。这份工作完全没有意义，真是在浪费生命。"

身边正在织毯的老修女却对她说："孩子，你的工作并没有浪费时间，虽然你织的是很小的一部分，但却是非常重要的一部分。"

当老修女带着她走到工作室里摊开的挂毯面前时，年轻的修女呆住了。原来，她们编织的是《三王来朝》图，而黄线织出的那一部分则是圣婴头上的光环。她没想到，在她看来不值得做的工作竟是这么伟大。

也许你暂时无法看到整体工作的美丽，但是，如果整体工作缺少了你那一部分，可能就什么都不是了。可以说，工作在本质上并没有优劣之分，固守自己的本分和岗位，把工作做到位，就是做出了最好的贡献。

只要你全心全力地投入到工作之中，将工作做好，你的工作就充满了意义，而不管你从事的是哪一部分，每一个工作过程都成就着另一个过程。只有环环相扣，整个工作才会和谐美好。每个人各就各位，努力尽责并扮演好自己的角色，整个企业才能发展得更好，完整的工作才有意义。就像只有一部零件齐全的车才能在路上奔驰一样，我们无法想象缺只车轮的汽车能在大马路上飞速行驶。

没有不重要的工作，任何工作都值得做到位。如果每个员工都把哪怕看似微不足道的工作做好、做到位，那么整个企业就一定会大有发展。

所以，对每个人来说，最重要的是将重复的、简单的日常工作做精细、做到位，并恒久地坚持下去，这样的人才有可能获得更大的成功。

许多年前，一位妙龄少女来到东京帝国酒店当服务员。这是她涉世之初的第一份工作，因此她很激动，暗下决心：一定要好好干！但是让她意想不到的是：上司竟安排她洗厕所！

说实话没有哪个人喜欢洗厕所！更何况她还是一个从未干过粗重活，细皮嫩肉，喜爱洁净的女大学生。而且，上司对她的工作质量还要求很严：必须把马桶擦洗得光洁如新！

她当然明白“光洁如新”的含义是什么，她当然更知道自己难以实现“光洁如新”这一高标准的质量要求。因此，她陷入困惑、苦恼之中，也哭过鼻子。

这时，她面临着人生第一步该怎样走下去的抉择：是继续干下去，还是另谋他业？

正在犹豫之际，单位一位前辈出现在她面前，他并没有用空洞的理论去说教，只是亲自做个样子给她看了一遍。首先，他一遍遍地擦洗着马桶，直到擦洗得光洁如新；然后，他从马桶里盛了一杯水，一饮而尽！竟然毫不勉强。

实际行动胜过万语千言，她目瞪口呆，如梦初醒。于是，她痛下决心：就算一生洗厕所，也要做一名最出色的洗厕所人！从此，她成为一个全新的、振奋的人。当然她也多次喝过厕水，为了证实自己的工作质量，为了检验自己的自信心，也为了强化自己的敬业精神。

几十年后她成为日本政府的内阁大臣之一——邮政大臣。她的名字叫野田圣子。野田圣子坚定不移的人生信念，表现为她积极的工作态度：任何工作都值得做好，都应该把它做到位。

来自哈佛大学的一个研究发现：一个人的成功，85% 取决于他的态度，而只有 15% 取决于他的智力和所知道的事实与数字。在工作中，当我们没有更多更明显的优势时，那么积极的工作态度就是我们最大的资本，就是竞争力。

最优秀的人是想方设法完成任务的人，最优秀的人是不达到目的誓不罢休的人，最优秀的人是“为了一个简单而坚定的想法，不断地重复，最终使之成为现实”的人。

成功就是将简单的工作做到位。“一旦你产生了一个简单而坚定的想法，只要你不停地重复它，终会使之变成现实。”这是美国 GE 公司前 CEO 柯蒙·韦尔奇对如何才能成功所做出的最好回答。

白领职场攻略

固守自己的本分和岗位，把工作做到位，就是做出了最好的贡献，你就能成就你在职场上的精彩。

5. 安心做好现在该做的事

被派往天津协助余则成工作的翠平在刚来的时候，确实有些不适应。她现在所要做的跟原来当游击队员时候所做的完完全全是两回事，并且在这个天真的姑娘看来，革命工作就是拿着真刀真枪跟敌人对着干。毫无疑问，在那个时候，她难以理解为什么组织上指派她来这儿工作，只是很安心将工作做好。这就像是当今职场上的一些人，被公司安排到一个职位，制定他们负责某项工作时，他们看不到所要做的工作的价值和意义所在，总是觉得自己没有被重用，自己的能力得不到很好的发挥。他们在工作了一段时间之后，可能会跳槽。那个时候的翠平也跟现今职场中的那些人一样有着“跳槽”的举动，只不过她的这种“跳槽”并非是从一个阵营跳到另一个阵营之中，而是按着自我所认为的工作价值以及意义去做一些事。

例如，在《潜伏》中，余则成带着她前往天津站站长吴敬中家中赴宴时，她没跟余则成商量就贸然行动偷取情报，如果不是被余则成发觉，及时扑救，就可能使得余则成和她的身份暴露。

对自己现有的工作不满，觉得不能体现出自我的价值，而频繁的跳槽，对一个人的职场发展是百害而无一利，一个真正的在职场中拥有很好的发展前景的人，他们是不会轻易跳槽的。为什么这么说呢？

现在，我们暂且不去叙述有关《潜伏》中翠平的事，我们来说说现今职场的现实情况。一般来说，公司都特别看重员工的“忠诚度”，对于那些频繁跳槽的人，自然是心存芥蒂，即使公司肯聘用这样的人，也会对其持有疑心，那么，他自然就很难有出头的机会了。而很多公司更是出台了一些硬性的制度，比如很多公司为了防止员工流动过于频繁，便会将很多的收入和福利发给那些在公司工作过一定时限的员工。如果你进入公司没有几个月就准备离开的话，自然这些预期收入就无法得到了。

阿维跟阿力是同学，他们之间的关系很好。在毕业找工作的时候，他们竟然向同一家公司投递了简历，并且同时被录用。这两个小伙子，他们在校期间的表现不分上下，如果真的要分出个谁优谁劣的话，阿维在某些方面还要比阿力强一些。

阿维和阿力同时上班了。在开始的时候，他们都对自己所做的工作充满了热情，可是随着时间的慢慢推移，阿力倒是没有什么变化还是像以前那样去面对工作，可是阿维却不能再静下心来了，老是觉得凭着自己的能力不应该做现在的事情，而是要做比现在更加重要的事。他有了些怨言，并且在跟阿力聊天的时候，常常会将心中的这种不满说出来。

阿力当然劝阿维不要埋怨，并且告诉阿维总有一天会被重用的。

阿维对阿力的这种说法不以为然，反倒反问阿力，要等到什么时候。

阿维对自己的工作似乎越来越没有兴趣了，如果不是担心被辞退，恐怕他连手头上的工作都难以做下去。

一天，两天，转眼之间试用期就快结束了。很可惜的是阿维和阿力两人之间只有一个人能留下来。毫无疑问留下的是阿力。

阿维对于自己被辞退似乎并没有觉得是多大的损失，反而觉得像是解脱了一样。他兴奋地对阿力说：终于解脱了，我终于能够去做自己想做的事。

阿维想得很好，但是事实呢？却并非如他所想象。从那家公司出来之后，阿维投入到新的一轮找工作的征途，但是他始终没有找到他所期望的能受到重用，一进公司就会去做一些重要事情的工作。

许多身在职场的年轻人，他们在不同程度上会犯阿维的错误，因为是第一次进入职场，虽然从他人的口中听说过一些职场的事，但是他们对真正的职场却是完全陌生的。但是，他们却在很多的时候，相信自己所听说的一些关于职场的事便是真正的职场，也就是因为对职场的一知半解，再加上年轻人身上所特有的不同程度的热情和自信，他们难以真正的看清楚自己的实力，而将工作中的许多事情看得十分的容易。他们相当自信的认为，自己完全有能力做好，并且还会做得比现在正在做着这件事的人要做得更好。

他们在很多的时候，确确实实是这么想的。当他们有了这种想法之后，便觉得自己现在所做的工作没有多大的意义，自己现在做的这些事情完完全全是在浪费自己的时间和精力。他们渴望着做一些比现在更重要的事情。如果真的将那些他们认为自己完全有能力处理好的事情交付给他们，他们真的能像他所认为的那样做好吗？

他们似乎并没有考虑到这一点，只是觉得自己能。这种“觉得能”在很多的时候是种感觉，是经不住时间的考验的。为什么这么说呢？我们应该知道，我们在处理任何的事情，解决任何的问题的时候，都需要一定的条件，而这一条件就是我们是不是真的具备解决这一问题的能力。例如，我们看到有人拉着满满的一三轮车的重物能轻松的爬上一个陡坡，但是我们是不是真的能够像他一样轻松的做到这一点可以，你或许觉得可以，但是如果没有对方一样的力气和蹬车的技巧，你再怎么觉得能，都是不可能做到的。

我们是不是真的有能力去做比现在更重要的事呢？这不是由感觉所决定的，而在于我们是不是有着能够将那件事情做好的能力。如果，我们在工作中对自我认识不清，老是觉得很多的事情自己都能干好，一来二去便会觉得自己的能力得不到真正的发挥，并且还会有一种怀才不遇的心理。一旦我们有了这种想法之后，便会充满了抱怨，再也不能够静下心来将自己现在所做的工作做好。当然，我们连现在的一些基本的事情都没有做好，又怎么会有能力去做比现在更重要的事情呢？这就像是还没有学会走，就想奔跑一样，注定会摔跤的。

不能够清晰地认识到自我的优缺点，并且老是觉得自己不错，我们就难以用平稳的心态去面对工作，就更别说把工作做好了。许许多多刚刚进入职场的年轻人，他们并没有在职场中取得很好的成绩，并不是他们本身没有能力，而是在有些时候，将自己的能力估计得过高，以至于让他们难以脚踏实地地将现在的工作做好，而失去了做更好的工作的机会。阿维的经历就告诉了我们这一点。由此可见，我们要想在职场中稳住自我的位置，并且获得不断的进步和发展就必须从这种错误中走出来。

白领职场攻略

进入一家新公司，从熟悉业务、环境和规章制度，建立良好的人际关系、理解认同公司理念和文化，到磨练出独当一面的才干和融入组织，至少需要几个月的时间才能真正进入角色，才能得到提升的机会。心态浮躁，总想一步到位，不但会给公司带来损失，也浪费了自己的青春年华。

6. 在工作中不断学习才有持续的发展

在《潜伏》中，翠平原来是一个大字都不识几个的游击队员，她强烈地想要为革命尽一份力，并且有着极高的热情，她一被组织上派到天津协助余则成，就积极地要求余则成给她工作任务。可惜的是，不是仅仅地凭借着这种激情就能够把事情做好的，她还需要有将事情做好的能力。她并没有意识到这一点，以至于在向余则成要求工作失败时，便感到有些失落和不满。她之所以这样，便是因为她只想要做一些极其重要并且有价值的工作，而从来没有考虑到自己是否有能力做好。不过还好，在实际工作中，翠平慢慢地意识到这一点，并且在余则成的帮助下不断地学习和调整自我，才慢慢地能够帮助余则成做一些工作。

学习，只有不断的学习，才有能力将工作做好。这就是《潜伏》中翠平的故事所要告诉我们的道理。

在现实生活中，一些身在职场的人，老是在抱怨，不能安心工作，就在于他们犯了同翠平一样的错误，即对自我的能力没有一个清晰的认识，并且对自己的能力看得太高。其实，无论我们目前从事哪一项工作，要想有良好的发展，就一定要使自己多掌握一些必要的工作技能。在你主动提高自己的工作技能时，你应当明白，自己这样做的目的并不是为了获得金钱上的报酬，而是为了使自己更长久的发展。

《庄子》一书中记载了这样一个故事：

有两个技艺超群的人，一个是厨房伙计叫做庖丁，一个是匠人叫匠石。他们的共同之处，就是技艺都达到了出神入化的境界。

庖丁在为梁惠王杀牛时。他动刀似有神助，刷刷刷几下，就将一个庞然大物，肉是肉，骨是骨，皮是皮地解剖得清清楚楚。他的解剖动作就像和着音乐的节拍在表演。更奇的是，他的刀已用了19年，所宰的牛已经几千头，而仍像刚在磨石上磨过一样锋利。

匠石呢？他的技艺也十分了得。郢人把白灰抹在鼻尖上，让匠石用斧子削掉。匠石连眼睛都没眨一下，挥斧生风便将薄如蝉翼的白灰削去，而郢人的鼻子却没有任何的损伤。

我们大概都听说过这样一句话：凡是掌握了一门技艺的人，无论是做什么的，都可以成名。只要有一技之长，就可以自立。的确是如此。人生在世，能有一技在身，就起码有了安身吃饭的本钱，如果技艺精湛，就会更有作为。能多掌握几手更好。虽说多技者多劳，但多劳多得，也不是什么坏事。老话讲：艺多不压身，吹拉弹唱都会，就会在人生的舞台上表演得更出色。

在公司中，如果你掌握了必要的工作技能，就能提升自己在老板心目中的地位。随之，你会频频出现在公司重要的会议上，甚至被委以重任，因为在老板心中，你已经变得不可替代了。

有一个公司老板聘用了一个年轻人做自己的司机，年轻人只领取属于自己的那一份酬金。而可贵的是，这个年轻人并不满足于此，还经常为老板寄发一些信件，处理一些手头上的问题。这样一来，他对公司的一些业务也了解了很多。

渐渐地，如果老板有事情脱不开身时，就让他代为处理。他还在晚饭后回到办公室继续工作，不计报酬地干一些并非自己份内的工作，而且在超越自己的工作范围内也力求做得更好。

有一天，公司负责行政的经理因故辞职，老板自然而然地想到了他。在没有得到这个职位之前已经身在其位了，这正是他获得这个职位最重要的原因。

因此无论你目前从事哪一项工作，处在什么位置，都一定要使自己多掌握一些必要的工作技能。在你主动提高自己的工作技能时，你应当明白，自己这样做的目的并不是为了获得金钱上的报酬，而是为了使自己更长久的发展。更重要的是，你必须多掌握一些必要的工作技能，然后才能在自己所选择的终身事业中，成为一名杰出的人物。

常常听到有人告诫自己的孩子："无论未来从事何种工作，一定要全力以赴、一丝不苟。能做到这一点，就不会为自己的前途操心。因为世界上到处是散漫粗心的人，那些尽心尽力者始终是供不应求的。"但在这儿需要提醒一句的是：若要在老板的心中变得重要，还要多掌握一些必要的工作技能。

白领职场攻略

一个没有专业的人终究会被社会给淘汰出局，如果一名员工没有专业知识，肯定没有办法在企业生存，专业是每一名员工基本的生存技能，要想在职场上拥有好的发展，就一定要多多掌握一些工作上的技能。

DI SAN ZHANG

第三章

保住现有的，才能拥有将来实现目标的资本

——看《潜伏》学余则成忍辱负重

即便你的能力再强，你的理想和抱负再怎么伟大，要想使得理想和抱负变成现实，就必须抓住现在的，认真做好现在能做的事，否则的话一切都免谈。我们在看完《潜伏》后，可以得到这样的一个启示：要想拥有美好的将来，就必须学会忍辱负重，保住现有的一切。因为现在所拥有的一切是将来的基础。

1. 过分地表现自我是在为自己树敌

在《潜伏》中，余则成之所以能在复杂的军统天津站最终成为炙手可热的人物，并且顺利地完成组织上交代的任务，其中有一个重要的原因，就是他虽然是一个个人能力很强的人，但是没有急于表现自我，给他人带来任何的威胁。

过于表现自我，会让身边的人觉得有威胁存在，以至于在无意中给自己树敌。这就是余则成告诉给我们的在现今职场中要想得到更好的生存与发展的一个准则。

可惜的是，在人的潜意识中，都希望在人群中显露一下自己的才能和实力。初涉职场的人，更是盼望尽快得到他人的认可和刮目相看，因而处处表现自己，急于求成，凡事都要争个“先手”，有时动不动还要来个“抢跑”。但是，他们没有想到的是，这种做法过早地掀起和卷入竞争，也会造成某些潜在的被动。

那些喜欢处处表现的员工，无形中将自己放在一个较高的起点和定位上。这样老板和同事都容易产生一种心理定势，认为他总能比别人强，比别人做得出色。一旦他出现遗漏和失误，也很容易让老板认为这样的员工争强好胜，自高自大，使得他在公司里和老板心中的形象大打折扣。

更重要的是，当面对和自己有着实际利益冲突的人和事时，如果过分地表现，只会卷入晋升之争。无可厚非的是，每一个员工都希望能够尽早地获得老板的认可，然后才能得以晋升，但是不可否认的是，晋升之争存在的一个普遍规律就是淘汰制，是要通过不断的淘汰来实现金字塔式的职位升迁的。如果为了晋升而处处表现自己的话，其实结果更多的是可能过早地就被淘汰掉。因为有些时候，你可能还不具备晋升的条件和机会，所以如果是因为过分表现而被卷入了晋升之争的话，那么你很有可能就会成为牺牲品。

那些爱处处表现的员工，往往并没有厚积薄发的底牌，却将其悉数亮出来，他不明白“好话不可说尽，力气不可用尽，才华不可露尽”的道理，等到需要他施展的时候，却拿不出一点儿可用之物来，老板只能认为其不过如此。既然如此，他还奢望这样的员工在公司里有什么更大的发展吗？

那些聪明的员工，往往并不是将自己全盘表现出来，而是捕捉机会，该表现时才出手。事实证明，最终的成功者，往往是“后发”之人。这样的员工往往脚踏实地。而他们每有进步与发展，都让老板历历在目，被认为有发展潜力。随着时间的推移，他的进步被老板和众人看在眼里，记在心里，一旦他被认为是可塑之材，那么他得到晋升的机会就很多。

同时，这样的员工容易被同事所接受，能通过拓展人际关系推动自己的事业进步。而且他们有时间慢慢积累起晋升的资本，打牢根基。所谓厚积薄发，常常会取得不鸣则已、一鸣惊人的效果，让老板不得不另眼相看，倍加赞赏。

敢于证明自己的价值固然勇气可嘉，但是，关键还得注意表现的时机，如果一个人时时处处都有推销展示自己的欲望，那么取得的效果肯定适得其反。上司、同事很可能因其自吹自擂，而忽视了他的其它长处。而且，在任何场合都过分突出自己的人，必然忽略他人的感受，往往给人不懂尊重他人的坏印象，从而引起反感和敌对。尤其是初涉职场的年轻人，更要注意谦虚谨慎，要致力于在工作中显露自己的才干，而不要以过分的表现来炫耀自己。

李明供职于一家有名的外贸公司，虽然他只是一个小职员，但是他年轻气盛，胸怀抱负，很早就盯上了顶头主管的位置，所以他总是处处找机会来表现自己，希望能够得到上司的赏识。刚巧这段日子同事们都听说了主管可能要有调动的事，因此，谁来接替主管的位置就成了大家关注的焦点。

自从李明知道了这个消息后，他在与同事的谈话中便明显地流露出了自己对主管位置的渴望，还大谈如果自己升为主管后会如何将公司管理得更好。其他同事只是笑着听他高谈阔论，并没有说什么，这便使李明更加得意，他自认为原来那个老实沉默的主管早就应该下台了，并且最适合这个位置的人也非他莫属！

有一天，李明的主管要去拜见一位十分重要的客户，与对方洽谈一项利润可观的生意。主管觉得李明平时表达能力比较强，工作水平也还可以，就带着他一起去了。

可是没想到的是，客户刚刚出来迎接的时候，李明就抢先主管一步去和人家握手；本来应该是主管说的一些话，李明却以领导的姿态抢先说了出来；当主管正和客户聊到关键问题时，李明却插了一句话，然后就没让主管再说上话……

李明高兴地以为自己显然是出尽了风头，在客户面前将主管的能力比了下去。主管也没有想到李明竟然会这样做事情，虽然是怒火中烧，但他并没有说什么。

没过几天，主管果然调动了位置，不过并不是大家所想象的降职，反而是晋升为经理。

与此同时，人事部的负责人也找到了李明，不过递交给他的却是一封辞退信。原因是李明和主管一起接待的那个大客户从李明的表现上对公司产生了怀疑，觉得一个不尊重上司、夸夸其谈的人所在的公司有可能会诚信不足。

离职后李明才知道，公司的这份业务最终还是签了下来，原来是主管在升到经理之前用一次诚恳的谈话挽回了这个大客户。

李明这才明白了什么是真正的能力，什么是真正的表现。

那些喜欢处处表现的员工，总认为自己的能力比别人强，自己是单位的顶梁柱，是老板的得力助手，所以处处摆出一副舍我其谁的架势，以为别人都是他的陪衬，似乎公司离开他就要倒闭。实际上，这种想法是十分幼稚的。要知道，不论能力多强的人，也会有他的弱点，而不论能力多弱的人，也都会有他的优点。从这个意义上来说，每一个人都是有用处的人。因此，任何人都没有理由过度张狂，甚至是自吹自擂。有一句话说得好：你再牛还能牛过牛顿?

我们承认，自我表现是人高层次的需求，也是实现自身价值的一种形式。但这种自我表现一定要以不损害他人利益、不伤害别人的自尊心为前提。否则，过分的自我表现就是一种扭曲的、不健康的自我陶醉或自我发泄。这种表现欲越强，别人的反感就越强烈。在日常工作中，有的人一点不懂得“大智若愚、大巧若拙”的道理，处处急于表现自己，似乎什么事都想插一手。事实上，这种急于表现的欲望来自内心深处的骄横或盲目。骄横的人往往不可一世，觉得自己无人能比，而这种急切的自我表现，又恰恰是别人观察其弱点的最好切入点。强烈的表现欲，有时也反映了一个人待人处世上的盲目性。一个理智的、头脑清醒的人，决不会在不该表现时表现。

喜欢处处表现自己的人，往往又是喜欢夸大口的人。比如，当领导交办一项工作时，喜欢夸大的人会马上表态：“没问题”、“包在我身上”。这种人往往忽略了集体的力量，不懂得只有融于集体之中，才能充分发挥个人的聪明才智。那些不负责任的承诺，往往根本变不成现实。这样的员工，只会误事，老板绝对不能对他们抱有幻想。所谓凡事三思而行，不可随心所欲，更不能不切实际地夸大个人的作用。同时，要依靠同事，树立团队意识；还要树立以实绩取信于人的观念。在日常工作中，应一步一个脚印，创造出实实在在的成绩，赢得领导和同事的信赖。这些都是克服自吹自擂恶习的好方法。

有一种不恰当的表现、习惯更应坚决抛弃，那就是在上司面前自恃甚高，显得神通广大，无所不能，这样不仅不能使上司赞赏，还会使上司对你失去信任和安全感，在心理上给上司压力，使他对你有所防备。

对于那些弄虚作假的员工，不仅不让其晋升，还应该坚决辞退，因为这样的表现已经超越了老板对员工的约束范围。

当然，表现本身没有错，关键是一定要考虑好时机、场合、上司的心情、客观环境等因素，只有这样，才能在职场中得以更好的发展，而不会引起上司的反感和不满。

白领职场攻略

职场中有一个事实，老板往往并不重视处处表现自己的员工，而是重视谁的成绩和效益最高。那些初涉职场就锋芒毕露的员工，往往会让人反感。因此，想要在职场中得以更好发展的员工应懂得收敛起自己的锋芒，从来不强出头，不会处处表现自己。

2. 要想跳得高，先得向后退

毫无疑问，在《潜伏》中，余则成如能获得一直空缺的天津站副站长的职位，对他潜伏工作的开展会有着极大的便利，至少，他就能够获取更为机密的情报。余则成当然知道这一点，但是他更明白，马奎、李涯那些早就在天津站属于军统的人都早就在竞争副站长这一职位。虽说天津站的站长吴敬中是他的老师，他也因成功地完成了刺杀李海丰的任务而得到戴笠的青睐，可以说他完全有实力，并且有机会获得副站长这一职位，但是对初来天津站的他来说，他更知道在这个人生地不熟的地方，最要紧的是使自己先稳下来。正因为如此，他在来到了天津站之后，一直显得很低调，在面对马奎他们的种种挑衅时，都在隐忍着。

只有稳定下来，才能有进一步发展的机会，才能有机会使得自己的目标得以实现。这是余则成告诉给我们的又一条职场生存与发展法则。可是，在现实中，许多身在职场中的人，他们也有一定的能力，有着很高的理想和目标，却因为不懂得隐忍而使得自己在职场中举步维艰，不仅仅难以实现自己的目标，甚至会被排挤出局，只能发出一声无奈的抱怨。

这样的人并不是自身的能力欠缺，而是他们不懂得如何去处理职场中的人际关系。在职场中，我们要想获得更好的发展，就必须懂得如何去处理好与同事之间的关系，要像《潜伏》中的余则成一样学会隐忍，因为你想跳得高，就必须先后退。否则的话，不会被他人排挤才是怪事呢！

纵观古今，那些成就大事的人，大多都是胸中隐藏着高远的志向抱负，表面上却显得很“无能”的人。也正是因为如此，他们才能在稳定的基础上得以不断地发展和进步。《三国演义》中的刘备就是一个典型。

刘备一生有“三低”的行动，这些奠定了他事业的基础。一低是桃园结义，与他在桃园结拜的人，一个是酒贩屠户张飞，另一个是在逃的杀人犯、因正在被通缉而流窜江湖的关羽。而刘备是皇室后裔，却肯与他们结为异姓兄弟，这样一来，两条浩瀚的大河向他奔涌而来，一条是五虎上将张翼德，另一条是儒将武圣关云长。刘备的事业，从这两条长河开始汇成汪洋大海。

二低是三顾茅庐。为一个未出茅庐的后生诸葛亮，刘备竟前后三次登门求见。不说身份名位，只论年龄，刘备差不多就可以称得上长辈，这长辈喝了两碗那晚辈精心调制的闭门羹，连关羽和张飞都在咬牙切齿，他却毫无怨言，一点都不觉得丢了脸面。这又一低，得到了一张宏伟的建国蓝图，一个千古名相。

三低是礼遇张松。益州别驾张松，本来是想卖主求荣，把西川献给曹操。曹操自从破了马超之后，志得意满，数日不见张松，见面就要问罪，差点将其处死。而刘备派赵云、关云长迎候于境外，自己亲迎于境内，宴饮三日，泪别长亭，甚至要为他牵马相送。张松深受感动，终于把原本打算送给曹操的西川地图献给了刘备。这一低，不费吹灰之力得到了西川。

在这个故事中，刘备胸怀大志，却平易近人礼贤下士，慢慢成就了自己的基业。与之相反，曹操心高气傲，目中无人，白白丢掉了富饶的天府之国，并且还因此耽误了统一中国的大计。单从这一点上看，刘备是真英雄，虽然他没有所谓的气势架子；而曹操则一副狂徒之态，他因此吃了大亏，其实一点都不冤。

也就是说，当我们在进入职场后，应该谨慎平稳，不惹周围人不快；尤其不能得意忘形狂态尽露。特别是年轻人初出茅庐，往往年轻气盛，这方面尤其应当注意。因为心气决定着你的形态，形态影响着你的事业。

一位书法大师带着徒弟去参观书法展。他们站在一幅草书前，大师摇头晃脑地一个字一个字地往下读，突然卡壳了，因为那个字写得太草了，大师一时也认不出来，正左想右想之时，徒弟笑道："那不就是'头脑'的'头'吗!"

大师一听就变了脸色。他怒斥道：

"轮得到你说话吗?"

这个徒弟显然是有才的，但也显然是不懂心高不可气傲这一道理的。这次惹恼了师父，大师以后能不能喜欢他就很难说了。

美国南北战争时，北方军队格兰特将军和南方军队李将军率部交锋，经过一番空前激烈的血战后，南军一败涂地，溃不成军，李将军还被送到爱浦麦特城去受审，签订降约。

格兰特将军立了大功后，却没有骄奢放肆、目中无人。他很谦恭地说："李将军是一位值得我们敬佩的人物。他虽然战败被擒，但态度仍旧镇定异常。像我这种矮个子，和他那六尺高的身材比较起来，真有些相形见绌。他仍是穿着全新的、完整的军服，腰间佩着政府奖赐他的名贵宝剑；而我却只穿了一套普通士兵穿的服装，只是衣服上比士兵多了一条代表中将官衔的条纹罢了。"

这一番谦虚的话听在人家耳里，远比数次的自吹自擂好得多。惟有对自己的成就发生疑问的人，才爱在人家面前吹牛，以掩饰那些令人怀疑的地方。一个真正成功的人，是不必自我吹嘘自我炫耀的，因为你的成绩，你的成功，别人会比你看得更清楚，而且会记在心上。在职场上，你要想得到更好的发展，也应该做到这一点。

白领职场攻略

无论你的能力多么卓越，理想和抱负有多么的远大，但要记住的是，不要让你身边的同事觉得你将会给他们带来威胁。

3. 适时地保持忍让是为了更好的进步

在一个新的环境中，原来的人对外来者多多少少会有所防备，并且在很多的时候会对新进入者持有一种不太友善的态度。新进入者如果不能很好地加以处理，不要说在新的环境中得到发展，而且还可能很快会被排挤出局。当余则成来到军统天津站时，所遇到的就是这种情形。深知自己所肩负的责任的他，只有让天津站的人接受，才能在这儿立足，才能完成组织上所交付的任务。因而，当他来到天津站后，对早就在这儿的马奎等人如何试探以及排挤他，在表面都会忍让，并积极主动跟他们处理好关系，到了最后，军统天津站的一些人竟将他视为朋友。

在这儿，我们试想一下，如果余则成在到天津站后，不是忍让，而是跟马奎他们针锋相对，又会是怎样的结果呢？显而易见，他最终会在天津站无法立足。

同理，现今的职场环境并不一定会比《潜伏》中的天津站简单。对新进公司的职员，原来的职员大多会有马奎他们一样的心理。在这个时候，如果我们不懂得忍让，同样会遭到原来那些职员的排挤，这样一来，即便我们再有能力也不可能在这家公司得到好的发展。

在同一个组织中工作，团队的每一个成员都希望能得到其他人的肯定性评价，都在不自觉地维护着自己的形象和尊严。如果你过分地显示出高人一等的优越感，那么无形之中就是对他人自尊和自信的一种挑战与轻视，他人对你的排斥心理、乃至敌意也就不自觉地产生了。如此这般，团队的战斗力将被大大削弱，到头来对你自己也没有什么好处。

在职场生活中不难发现这样的同事，其人虽然思路敏捷，口若悬河，但一说话就令人感到狂妄，因此别人很难接受他的任何观点和建议。这种人多数都是因为太爱表现自己，总想让别人知道自己很有能力，处处想显示自己的优越感，从而能获得他人的敬佩和认可，结果却往往适得其反，失掉了在同事中的威信。

在某地区铁路局货运部门的一个职员，在他刚到单位的那段日子里，几乎在同事中连一个朋友都没有。因为他正春风得意，为自己的机遇和才能志得意满得不得了。他每天都使劲吹嘘自己在工作中的成绩，每天有多少人找他请求帮忙，哪个几乎记不清名字的人昨天又硬是给他送了礼等等“得意事”。但同事们听了之后不仅没有人分享他的“成就”，而且还极不高兴。后来还是由当了多年领导的老父亲一语点破，他才意识到自己的症结到底在哪里。从此他很少谈自己而多听同事说话，因为他们也有很多事情要吹嘘，把他们的成就说出来，远比听别人吹嘘更令他们兴奋。后来，每当他有时间与同事闲聊的时候，他总是先请对方滔滔不绝地把他们的欢乐炫耀出来，与其分享，而只是在对方问他的时候，才谦虚地说一下自己的成就。

法国哲学家罗西法古说：“如果你要得到仇人，就表现得比你的伙伴优越吧；如果你要得到朋友，就要让你的朋友表现得比你优越。”

这句话真是没错。因为当你放低姿态，让他人表现得比你优越时，他们就有了一种重要人物的感觉，但是当你表现得比他还优越，他们就会产生一种自卑感，容易造成羡慕和嫉妒。

所以，我们必须学会谦虚，这样的话，我们才能永远受到欢迎。戴尔·卡耐基曾有过一番相当精彩的论述："你有什么可以炫耀的呢？你知道是什么东西使你没有变成白痴的吗？其实不是什么大不了的东西，只不过是你甲状腺中的碘罢了，价值才五分钱。如果医生割开你颈部的甲状腺，取出一点点的碘，你就变成一个白痴了。五分钱就可以在街角药房中买到的一点点的碘，是使你没有住在医院的东西。价值五分钱的东西，有什么好谈的？"

正所谓"投之以桃，报之以李"，那些谦让而豁达的人们总能赢得更多的朋友，天天门庭若市，日日高朋满座；相反，那些妄自尊大，高看自己，小看别人的人总会引得别人的反感，最终在交往中使自己走到孤立无援的地步，别人都敬而远之，甚至厌而远之。

白领职场攻略

无论你的能力多么超群，理想和抱负有多么的远大，但是有一点要记住的是，不要让你身边的同事觉得你将会给他们带来威胁。

4. 走出自我，融入到集体中

《潜伏》中的余则成可能比任何一个人都知道，潜伏到军统天津站开展工作将会遇到什么样的危险。不要说在他的身边有着许许多多看得见或者看不见的敌人，会带给他威胁，就连作为"自己人"的军统天津站的同事也可能随时向他发难。对他来说，首先要做的就是在天津军统站立住脚。怎样去做呢？在观看电视剧的时候，我们已经知道了余则成是一个能力相当出色的人。但是他所做的并不是急于展现自己的实力，而是积极地改变自我，和军统天津站的吴敬中、马奎他们打成一片，从而消除了他们的疑虑，被他们接受。在军统天津站站稳了脚跟，才能在以后的日子里，发现和抓住机会，从而完成自己潜伏的任务。

可惜的是，在现今的职场中，一些人却不能明白这一点。他们做事都不以自我为中心。那些优越感过强、自恃才高，我行我素、难以与集体融合的人和做法还有可能招来他人的厌恶。接下来，就让我们一同来看看发生在现今职场中的一个真实案例。

马林是一家建筑公司里的高级工程师，刚到公司时，他总是乐观好学。领导们每次见到他，他的面前总是铺着一张图纸，手里拿着笔画来画去，十分认真。

马林虽然在平时与同事们的接触不多，但是对每个人的态度都还算是比较谦和，所以在公司里面还是挺受欢迎的。他的好学使得他的专业技术水平越来越高。所以，他来到公司没多久就被提升为副总工程师了。因为他总是能以最快的速度和最高的质量来完成任务，而且还善于钻研，因此，他所受到的赞赏越来越多，而且职称和奖金也直线上升。

渐渐地，马林就开始有些飘飘然了，总觉得自己是全公司最好的职员。开始不将公司那些一般的员工放在眼里了。刚开始的时候，同事们都以为他只是开玩笑，但是时间长了，大家才明白，以前的马林已经变了。现在的马林只是一个我行我素、恃才傲物的人。

有一次，马上就要下班了，马林又做好了一个新的设计方案。他画完图纸之后，便交给了属下，让他们按照图纸上的样子马上着手去准备落实。可是，还有5分钟就要下班了啊，于是其中的一个员工就对马林说："马总，您看，马上就要下班了。明天再做这个工作可以吗？当然，我并不是因为怕加班，但是我刚接到家里的电话，我的孩子在外面遇到了一点麻烦，我必须要赶回去处理一下问题。"

"这当然不行，我想你应该以我们公司的利益为重，而不是你刚才说的那些家里的事。"马林坐在那里，爱理不理地说道。"好了，你们可以去干活了，等到你们将所有的工作处理好以后，你们就可以下班了。"

于是，几个员工拿着图纸很不高兴地离开了办公室。

马林的做法显然只是从自我中心出发，完全没有顾及他人的感受。其实刚开始的时候，他在与同事的关系处理上还是比较不错的，但是随着他职位的升高，便开始了自我膨胀，觉得自己是全公司最优秀的人才，从而便开始瞧不起其他的人。

从他要求别人加班的事情上看，他根本没有顾及到别人的想法，而是按照自己的意愿来做。他总觉得自己的事情才是最重要的。那位员工已经说明了家里有事，但是这在他眼里却根本无法成为理由，显然，他忽略了别人的尊严，同时，也造成了与他人沟通的障碍。

在职场上，像马林这样我行我素的人并不少见。在每个公司里面，都可能会存在各种各样的"以自我为中心"的员工，如果要说和他们合作最多、最受其害的，那就应该是他的那些同事们了。

那么，如何才能改变这种现象呢？这就需要我们能够学会比较客观地认识自己，并且要学会尊重别人，经常和自己的下属或者同事们进行沟通。

你要明白一点，那就是别人的事情也是同样重要的。无论什么样的人，都更喜欢和那些有一定能力但却平易近人的人交往，而像马林那样的人，虽然头脑非常聪明，技术也很精湛，但是，却总是不受大家欢迎。

所以，要让自己与同事们友好相处，尽量融入到大团体中，成为其中的一员。

白领职场攻略

在充满竞争的职场环境，人才遍地，如果觉得自己不错，事事以自我为中心，缺乏自律、缺乏自谦，不能够改变自我，积极融入到环境之中，想要使自己出人头地，简直比登天还难。

5. 不可一心争名逐利

就像前面所讲的一样，余则成来到军统天津站之后，如果能够坐上一直就空缺的副站长的位置，对他的潜伏工作是有百益而无一害的。当时，他并没有急于去争取那一职务，而是默默无闻地做着军统天津站站长吴敬中所交付给他的任务。他不仅好像对副站长的位置没有什么兴趣，甚至在有的时候会将自己所获得的成绩巧妙地推给他人。他的这种做法，让原本对他抱着提防之心的马奎等原来早就在天津站工作的人放松了警惕，这为余则成在以后的工作开创了有利的条件。如果，在那个时候，余则成不是这样做，而是急于想要获得副站长的位置呢？恐怕《潜伏》将会是另外一个版本。

一点不错，能够得到副站长的位置确实是件好事，但是如果人为地去追求，往往适得其反。《潜伏》中军统天津站副站长的位置，对身在职场中的人来说就是薪金、升迁的机会，如果换一个词语来说，就是我们常说的“名利”。

能够获得名利当然令人向往，但决不可把名利看得太重，更不要和同事争名夺利。有句话说得好：该是你的推也推不掉，不该是你的抢也抢不来。明白了这个道理，还有什么可争的呢？在遇到这类事情时，不妨该让就让，摆出一副高姿态来。

在生活中，绝大多数人都难过名利关，而追名逐利带给人的苦恼又是无尽无休的。面对名利的苦恼，也有许多人说服自己不去重名利、甚至视它们为粪土，可是一遇到实际，那对名利的新看法便不击自破。

当然，每一个身在职场的员工，在利益上与其他人发生一些冲突和摩擦是不可避免的事情。但是，我们每一个人都应采取一种无所谓的态度，只要能够考虑到团队共同的成绩，那么，自己一切的私利就会显得苍白无力了。

一位著名的主持人说：“外界的纷扰很多。虚名浮利，常会使人失去平和的心境。我很懂这一点。当人们择业的时候，以功利为目的的选择总会事与愿违。在通过媒体放大形象的时候，看自己的视线就要淡化，适当调整光圈，减少曝光。所以，我看自己也就很平静。在任何时候，对我来说，整个团队的成功都是第一位的，除此之外，我没有任何奢望。”

有这样一则寓言说的也恰恰是这样的道理。

有一天，三个和尚相遇在一所破旧的寺院里。不知是哪个和尚先提出了这样一个问题：“这所寺院是因为什么原因荒废了呢?”这时，甲和尚回答说：“一定是和尚不虔，所以菩萨才不灵。”乙和尚却说：“一定是和尚不勤，所以庙产才不修。”而丙和尚说：“不，我认为一定是和尚不敬，所以香客才不多。”于是，三个和尚开始争执不休起来，最后，他们决定留下来各尽其能，以证实谁的答案是正确的。

从这以后，甲和尚开始礼佛念经，而乙和尚每天整理庙务，丙和尚则到处化缘讲经。香火果然渐渐旺盛起来，这座破旧的寺院逐渐恢复了往日的壮观。

看到这样的情景，甲和尚高兴地说："看吧，都是因为我每天礼佛念经，所以菩萨才会显灵。"而乙和尚说："你说的不对，这都是因为我勤加管理，所以寺务才得以周全。"丙和尚摇了摇头说："你们两个都错了，这全都是因为我劝世奔走，所以香客才会众多的。"三人又开始争执不休、不事正务，渐渐地，寺院里的盛况又逐渐消失了。

团队的核心是共同奉献，没有这一点，团队只能是松散的个人的集合，也就只能归结为所谓的群体概念。团队精神，是团队成员共同的归属感与成就感，它能带来高昂的士气，是团队凝聚力的高度体现。

在公司的发展过程中，存在一些不容忽视的问题。有些员工虽然不缺乏足够的工作热情，也有基本的企业利益立场，但却缺乏起码的团结协作的精神。这些人遇到一些简单的工作尚可以较好地完成，但一遇到复杂的工作，需要部门内部或部门之间进行深入探讨、沟通协作时，就会躲躲闪闪，争功诿过，伤害别人的积极性；有些员工没有很好的团队意识和整体观念，在涉及到自身的利益时，斤斤计较，面对集体利益时，没有强烈的集体荣誉感和责任心。

每个公司发展的目标都离不开"利益"二字，这也就是说，身为公司的员工，一切工作都要紧紧围绕着"公司利益"这个核心，秉着"个人利益坚决服从于集体利益，局部利益坚决服从于整体利益"的信念来开展工作。这样说的原因就在于我们必须要充分地认识到，公司的利益才是最根本的利益，只有公司的利益得以顺利地实现，个人利益才能得到有效的保障。

然而在当今的公司里，还是不乏一些为了一己私利而不顾团体利益的员工，这样的员工显然是不能成为一名良好发展的员工的，甚至还会因此而丢掉自己的"饭碗"，就像下面这个公司的员工吴磊一样。

吴磊任职于一家投资公司。作为公司的一名操盘手，他不但业务十分娴熟，而且具有敏锐的洞察力，经常能够在瞬息万变的股市中发现商机，并凭借着自己的胆识和智慧果断地买进卖出，在公司工作了一年后，便为公司赚到了一大笔钱。

年底的时候，在总结大会上，公司的副总经理特地邀请吴磊坐到了自己身边，他对吴磊的工作能力给予了极大的赞扬，并且直言不讳地对吴磊说，公司这一年在股市里的赢利主要是归功于他的。

吴磊听到这样的话，心里很高兴，因为私底下他自己也是这样认为的，他甚至认为自己是公司其他员工的“衣食父母”，因为他为公司赚到了一大笔钱，而其他有些同事却给公司造成了不小的损失。但是，在吴磊领完了年终奖后，他却大失所望。因为公司给他的年终奖金与他自己的期望值相差甚远，虽然当时他并没有表现出什么异样，但是他却把抱怨和不满埋在了心里，并且私下里想着一定要通过其他的方式来为自己讨回“公道”。

于是，吴磊开始偷偷地利用自己手中掌握的公司的账户，私下里做起了交易，并将赢利的钱装进了自己的腰包。几次以后，他尝到了甜头，开始变本加厉起来。他私下抽出了公司的部分资金，借给了他一个正在做生意的朋友作短期周转，并与他说好要给自己高额的回扣。但是，就在他的这位朋友还没有把这笔钱还回来之前，公司在一次例行的财务检查中，终于发现了他的恶行，连他挪用公款私自炒股的事情也被发现了。

吴磊的行为已经严重地损害了公司的利益，而且他的做法也证明了他是一个心中没有集体、品性不端的人。于是，公司立即停止了他的职务，将他开除了不说，还将他的非法操作上交到法院立了案。吴磊这种将个人利益置于集体利益之上的做法，得到了应有的惩罚。

《西游记》开篇就有诗道：“争名夺利几时休？早起迟眠不自由！骑着驴骡思骏马，官居宰相望王侯。”掩卷细想确有道理。团队合作要精诚，最终是要保持一片诚心，摒弃相互争名夺利之念。诚意对人、严于律己，这样的团队，想不成功也难。

如果把企业看作是一个家庭的话，那么你身边的同事便是这个家庭的成员；如果把企业看作是一支军队的话，那么你身边的同事便是与你并肩战斗的战友；如果把企业看作是一台机器的话，那么你身边的同事便是这台机器的一个个部件。试想一下，如果家庭成员不和睦，日子还能过得安稳吗？如果战友之间不团结，部队的战斗力还能不被削弱吗？如果机器的某个部件出了毛病，整台机器还能正常运转吗？对于这个简单的道理，似乎每个人都能够理解，但是，偏偏还是有那么一些人，他们只顾自己争名夺利，而不顾同事、不顾大局，破坏了同事之间的团结合作，有这样的人在公司，公司自然也会被搅得像一盘散沙一样，毫无凝聚力了。

所以，我们在工作交往中要做到：要成为让上级好领导、同级好共事、下级好接触的高素质员工。以整体利益为重，不一心争名逐利，真诚对待身边的同事，相互信任不猜疑，彼此宽容不争斗，相互团结不拆台。

营造一种积极健康的团结气氛，使一班人互相支持不争权、互相信任不猜疑、互相尊重不发难、互相补台不拆台、互相配合不推诿，才能形成一个坚强的、卓有成效的集体。

白领职场攻略

人活着什么时候也离不开“名利”二字，“名”是政治和精神的体现，“利”是经济的支撑。要想在职场中得到好的发展，就不应当一味地去争名夺利，而是应当做到：不是不图利，而是取财有道，不取无名之利；不是不为名利，而是不去争名夺利。

6. 处处争强好胜只会得罪人

只有融入到集体之中，被集体所接受才能立足，才能有以后的发展。余则成比谁都要明白这一道理，因此他到军统天津站之后，无论是马奎的鄙视和怀疑，还是其他人的挑衅，他都会默默忍受，不会和对方争论。如果在那个时候，尚未有建树的余则成若是逞一时之快，回敬马奎几嘴，虽给自己赢了面子，却会很快激化矛盾，初来乍到便在单位里闹得鸡飞狗跳，最后吃亏的还是自己。

然而，在现今的职场上，特别是刚入职场的年轻人很难做到这一点。他们往往因为年轻气盛会跟对方发生争论，非要争得个你输我赢不可。他们的这种年轻气盛，不肯轻易认输的性格特点，虽说在很多的时候能让他们有勇气面对一些困难，并且最终将困难解决，但是值得提醒的是，这种性格并非在任何的时候都能给他们带来益处，如果他们在与人交往的时候处处争强好胜的话，就很难妥善处理好人际关系。可惜的是，很多人无论是大事还是小事，都要争出个输赢，以致于在很多的时候赢得了面子却输掉了感情，让自己成为同事所不欢迎的人。

一天午休的时候，同事们聚在一起聊天。刚到这家公司没多久的赵小虎也围了过去。同事们谈论的是有关奥运的一些事情。赵小虎因为自己是新来的，并没有过多地说什么，在一旁倾听。突然，不知道哪个同事提出了一个问题，问有谁知道中国第一次参加奥运会是在什么时候？这是一个较为生僻的问题，虽说很少有人知道，但是却难不倒喜欢体育的赵小虎。他看到没有人回答，刚想说出来，就在这个时候，有一个同事说出了他自己的答案。

那位同事所说的答案是错误的，赵小虎一听不由得乐了，他把答案说了出来。那位同事诧异地望着赵小虎，过了好半天才说："你说的不对吧！"

赵小虎笑着说："是你自己记错了吧！"

不管赵小虎怎么说，那位同事都不愿意承认自己说错了；而赵小虎也坚持自己的说法是正确的。一场原本轻松的同事之间闲聊，竟然成了一次激烈的辩论比赛。赵小虎和那位同事争得面红耳赤，见此情景，同事们劝他们算了。可是赵小虎并没有就此作罢，他打开了电脑，在网上寻找到了正确答案之后，大声地叫喊同事们过来看看，让他们评评到底谁对谁错！

不错，赵小虎的答案是对的。也就在他以胜利者的姿态朝那位同事看去的时候，他看到从对方的眼中射出的是愤怒的光，而其他的同事向他抛过来的也是不怎么友善的眼神。

许多身在职场的人，他们在与身边的同事相处时，经常会犯类似上文中赵小虎一样的毛病。他们因为某个同事就某件事情，或者某个问题跟他们有着不同的见解和看法时，就一定要跟对方争个是非分明不可。其实，在有些时候，他们所争论的一些事情、一些问题是完全用不着像这样争论的。因为，即使争论赢了，也没有什么实际的意义。所带来的唯一后果，就是导致争论的双方关系的僵化，并且还会在其他的同事心目中留下一个不好的印象。这些都是不利于年青人处理好办公室的人际关系，阻碍年轻人职场发展的挡路石。可惜的是，他们并没有考虑到这一点，在那个时候，他们所考虑的是自己的面子，害怕别人说他错而丢了面子。这是典型的虚荣心在作怪。

是的，当在争论中获胜时，他们为自己的胜利而感到高兴和自豪，并且虚荣心得到的最大的满足。然而，他们却忘记了他们为了满足自己的这种虚荣心所付出的代价，即自我的形象和和谐的办公室人际关系。当这一切毁灭之后，年轻人虽然处在身边有着很多同事的职场环境中，可是却像是处在一个无人的荒岛上一样。因为，他们的争强好胜，什么事情都要争个输赢不可的形象已经留在了同事的心中，不要说他们有什么问题不明白想找人询问不会去问他们，就连在平时闲聊时，也尽量避免和他们答茬；他们担心在说起那些事情的时候，会引起不愉快的争论，更担心自己是不是错了，而错了又会……在这个世界上是没有谁能够知道一切，懂得所有的道理的啊！而每一个人不管他的性子和承受力有多好，但是当面被人指出自己是错的，都会心里或多或少有些难以接受。

年轻人自从走进职场的那一刻起，就必须尽量改掉争强好胜、事事都要弄得是非分明的待人处事习惯，原因很简单，那就是随着社会的发展和科技的进步，分工越来越精细，我们在开展任何的一项工作时，只有得到更多的协作，才能更快更好地将工作做好；而一味的争强好胜，事事都要争个是非分明，不懂得给人留一个台阶，保留面子的做法，只能僵化我们与那些原本能帮助我们将工作做得更好的同事之间的关系。

白领职场攻略

在这个世界上没有十全十美的人。我们在工作中，千万不要老是用自己的角度和标准去看待他人、要求他人，更不可因他人跟你的看法有所不同，就觉得对方不对，非要跟对方争个输赢不可，而是应当走出自我，学会适应，主动给人找台阶。

7. 管住自己的嘴，做好自己的事

在军统天津站，余则成所呆的那个环境复杂得简直超乎人们的想象。而复杂的原因却在于空缺了已久的副站长职位。马奎、陆桥山以及后来的李涯，特别是马奎与陆桥山都把如何将副站长的职位弄到手当成了工作的唯一目的。他们对那一职位十分看重，他们所做的一切，都是围绕着这个副站长的职位而来的，可惜的是，他们所采取的并不是正常的竞争手段，所要的都是一些“阴谋”，想的和做的都是如何去压制和排挤跟自己一样希望得到副站长职位的同事。

在这样的环境中，余则成稍稍有些不注意，就可能会被他们视为“敌人”，这对刚刚来到这儿的他十分不利。他很清楚这一点，于是，他在来到军统天津站后，尽量地保持低调，即便他知道马奎他们许多的秘密，也不会到处说，而是尽量将自己应该做的事做好。他的这种做法，让马奎他们并没有将他视作为竞争对手，以至于他最终能在马奎他们围绕着副站长这一职位争斗的过程中，坐收渔翁之利，当上了副站长。

少说多做是很多人借以保持魅力的法宝，所以人们说“沉默是金”。在现今的职场中，虽说我们所处的环境并没有余则成所处的那般复杂，但是最好还是能管住自己的嘴，尽力地将自己要做的事做好。这样才是你能够保持现有的位置，向更高的位置进发的最好方法。

1999年3月14日举行了世纪拳王大战，赛前美国拳王霍利菲尔德夸下海口："将在第三回合将英国的刘易斯打倒。"其意是根本没把刘易斯放在眼里。刘易斯开始也被他的大话给弄晕了，除了恼怒之外，只敢说他会战到第四回合，居然不敢扬言打败对手。可在比赛中霍氏被刘易斯打得连头都抬不起来，象条丧家犬，他不但没成为"三拳打死镇关西"的鲁提辖，反倒被对手打了个乌眼青，最后在裁判的帮助下才找回一点面子，可霍氏还腆着脸吹大牛，不知死活地向对方下战书。这不仅激怒了世界拳迷，同时也激怒了美国人民，霍氏遭到新闻界的猛烈声讨。

胜败乃兵家常事。假如战前霍氏没吹大牛，也不至于有如此下场。人们常说"物极必反"，这个道理我们都很清楚，但是具体到职场时，有的时候就会管不住自己的嘴，明知山有虎偏向虎山行，最后只会让自己伤痕累累。

李婷发现同事杨莹的文案抄袭了自己的策划思路，她实在无法猜测杨莹是怎么偷看到的：她打开了自己的电脑吗？还是做方案的时候被她偷看了？李婷越想越生气，她期望靠这个得意的方案得到老板的赏识呢！这下全完了。于是她开始诽谤李婷，并把这件事告诉了主管，主管找杨莹了解情况。杨莹气愤地说："这是造谣，无中生有，混淆视听，她是在侮辱我的人格！"杨莹说这话并不是没有道理，她是个非常有想象力的员工，有好的创意，是公司里的佼佼者。主管认真分析了一下，创意大体相似，但还是有不同的地方，在个别细微处，杨莹明显比李婷高出一筹。于是，老板要求这个方案由两人共同完成，但被李婷当场拒绝了，使得老板很没面子。几天后，老板就把她调到了另一个部门，李婷认为调离的应该是杨莹，为此牢骚满腹。在不久后的一次裁员计划中，李婷名列其中。理由是：说话口不择言，惹事生非。最后李婷无可奈何地离开了公司。

如果你刚刚来到一个环境上班，更要注意要少说话，多做事。因为这时候你极易发现人都是好的，于是被一团和气所迷惑。相处日久，了解渐深，你看到了此方生活的底面，才会意识到你原来所识的只是人家的一个侧面，此时所见才是完完整整立体多面的人。于是，你会再考虑抽身回转，与他人保持一种距离以保护自己。但是，你把自己交出去，就等于把水泼出去了，收不回来的。这样，以后你能平平衡衡地与人保持一种相等的距离吗？不可能。别人往你这儿来的是长驱直入，你往别人那儿去，却是寸步难行。

因此，身在职场要少说话，多做事。其实，工作业绩才是你最好的语言。

白领职场攻略

古人云：君子讷于言而敏于行。这个道理说得通俗一点就是：少说多做。管住自己的嘴，做好自己的事。在我们的工作中，也是如此。

DI SI ZHANG

第四章

正确懂得自我的职责所在是做好一切的根本
——看《潜伏》学会承担责任

在观看《潜伏》一剧之时，我们可以明显地感觉到，余则成是一个具有着强烈责任感的人，他忠诚于组织，恰恰就是这种责任与忠诚，让他能够在强敌如云、环境复杂的军统站不断地得到提升，最终成为副站长。可惜的是，在现今的职场中，许多人缺少的就是这种责任与忠诚。

1. 没有责任心就没有执行力

如果余则成没有强烈的责任心，他或许不但不能顺利地完成组织交付给他的任务，恐怕连在军统天津站那种尔虞我诈，互相倾轧的环境中都不能生存。

是强烈的责任心支撑着余则成，让余则成在复杂的环境中，巧妙地化解了各种各样的危机和困难，最终顺利地完成了任务。看过《潜伏》一剧的人都知道，余则成原来是军统处的外勤，是属于另外一个阵营的。他因优异的表现，得到了军统处最高长官戴笠的青睐。本来单单凭借着这一点，他就能在军统处得到很好的发展。但是他却因目睹当时军统以及戴笠等人为私利而向日军泄露新四军情报的丑行，彻底看清国民党失去民心的原因，加上左蓝的劝告，遂弃暗投明，决定为革命做一些事情。可组织并没有把余则成派往延安，而是作为卧底反插回重庆，代号“峨眉峰”。当余则成以功臣的身份回到重庆，他获得了嘉奖和晋升，并被局长戴笠委以重任——把他派往军统局天津站协助站长吴敬中（余则成在青浦特务训练班时的老师）工作。当他来到军统天津站之后，没有忘记组织上交代给他的任务，时时刻刻将这当作是自己应该尽得一份责任放在心中，因此顺利地化解了各种各样的困难和阻扰。

确实，我们要想做好一件事，是不能缺乏责任心的。责任心，也可称为责任感，是个体对责任的感知和感受。它是社会个体从责任赋予者那里接受责任之后，内化于本人内心世界的一种心理状态，这种心理状态是个体履行责任行为的精神内驱力。

通俗地说，责任心就是一个人对自己的所作所为负责，是对他人、对集体、对企业、对社会承担责任和履行义务的自觉态度。而执行力，就是实实在在履行自已的责任，全力以赴的工作态度，按质按量按时完成自己的工作。追本溯源，执行力关键是责任问题。

GE 公司前 CEO 柯蒙·韦尔奇曾这样阐释执行力："执行就是按质按量完成任务"、"在每个环节、每个阶段、每个细部都能一丝不苟地执行"、"保持紧张感"。有责任心，就不会有借口；有责任心，就不能讲借口；有责任心，执行力就有了筋骨；有责任心，执行力的实施才有落脚的根基；有责任心，执行力的实施过程才有生命力或动力。所以，要加强执行力，势必要增强责任心，而增强了责任心，执行力自然就得到提高，责任心是加强执行力建设的关键。

作为一种内在的精神和重要的准则，责任心向来被企业奉为精神之源，一个企业只有注重承诺、责任心，强调结果导向，管理层制定的战略才能够开花结果，取得持续性的成功。

海尔能够成为中国企业榜样的重要原因就是凡事都要做到"责任到人"，"人人都管事，事事有人管"。在海尔大到机器设备，小到一块玻璃，都清楚标明事件的责任人与事件检查的监督人，有详细的工作内容及考核标准，如此形成环环相扣的责任链，做到了"奖有理、罚有据"。这种管理的核心就是要把责任锁定，即使是一个简单的擦玻璃的工作，也要明确制定两个责任人，各有各自的明确责任。

同样都是做超市，惟有沃尔玛雄居零售业榜首；同是做 PC，惟有戴尔独占鳌头；满街的咖啡店，惟有星巴克一枝独秀，造成这些不同的现象的根本原因就是各个企业执行力的差异，就是对制度措施的贯彻执行的责任意识。

因此，在世界 500 强企业中，无不把"员工责任"作为最为关键的理念和价值观，作为员工的行为准则。在微软，“责任”贯穿于员工的全部行动；在吉列，“你必须有责任感”；在美孚石油公司，强调重视小事，将责任感作为一种生活态度。

可见，加强企业执行力不在于工作经验的多少，重要的是依靠每个员工对制度措施的不折不扣的贯彻。而这种贯彻执行最终还是得靠每个人的责任心。

在企业里，任何一个人的岗位都承担着具体的职责。其中最直接、最具体的责任，体现在恪守岗位的职责上。要自觉做好自己的本职工作，就要对工作付出应有的热情，就要具备强烈的责任意识。正如列夫·托尔斯泰所言：“一个人若没有热情，他将一事无成，而热情的基点正是责任。”

有了这种内在动力，无论你处在什么职位、岗位，工作都是积极、主动的，这样才会产生积极、圆满的效果，执行力才会随之提高。很难想象，一个对工作没有责任心的人，怎么能履行好自己的职责，怎么能始终如一地高质量地完成好自己的工作？事实上，我们有很多工作，不是没有能力做好，而是没有责任心、没有用心去做，没有落实好，自然谈不上执行力了。

为什么在企业管理或市场竞争中，有的企业成功，有的企业失败？为什么在以变化、速度与危机为特征的市场经济大环境中，许多企业面对同样的市场、同样的客户，采取同样的措施、同样的策略，业绩却如此不同？为什么在同样的市场中，有的企业由小变大、由弱变强，有的企业却由大变小、由强变弱？

真正的原因并非那么的复杂，其实，这些都可以用是否拥有执行力来概括。曾经有关世界大公司的研究发现，一流的公司，尤其是世界公认的卓越公司，他们并不一定在战略规划上有多出色，但他们却表现出了卓越的执行力。

也就是说，我们要为企业的发展贡献出自我的力量，在企业发展的同时获得自我的发展，实现自我价值，就必须加强自我的执行能力，而执行能力的强弱却在于你的责任心的强弱。

没有责任心，就没有执行力；没有责任心，就不会主动承担责任；没有责任心，就没有工作绩效；没有责任心，就没有勇气改变自己；责任心，是执行力之源！一旦你形成明确的个人责任意识和勇于负责的理念，拖延、推诿、抱怨、指责等不良习惯将得到改变，企业的执行力流程也将得以畅通，企业将呈现出团结、进取、务实、高效的新局面！

公司是个人发展的平台，公司没有好的发展，就不可能有个人的良好发展，因此，可以说公司的发展情况决定了我们个人的前途。

一个人只有具有高度的责任感，才能在执行中勇于负责，在每一个环节中力求完美，按质、按量地完成计划或任务。反之，一个没有责任心的员工是不可能有着很好的执行力的。因此，无论你在什么样的公司工作，从事着怎样的工作，你不妨扪心自问："我有责任感吗?"接下来回顾正在进行的工作以及已经做过的工作，你是否自动自发、尽善尽美地完成工作？是否为了团队的利益而甘愿牺牲个人利益？是否面对失误勇于承担起自己的责任?

有些人可能会情不自禁地脸红。一项计划执行不力，很大程度上是参与人员缺乏责任感造成的。这些人责任意识淡薄，做一天和尚撞一天钟，得过且过，甚至接受任务后，只要上司不查核，就不了了之。他们对"责任"这两个字很陌生，甚至想当然地说："责任关我什么事?"

实际上，责任不是想扔掉就可以扔掉的，它不是一件衣服，穿破了或者看着不顺眼了，随手就可以扔到垃圾筒里。一个人生存在社会上，就对社会负有责任，对家庭负有责任，当然，也对工作负有责任。可以说，责任与生命同在。一旦你接受执行某项任务，你就对这项任务负有不可推卸的责任，它就像血液一样融入到你的身体里，即使你不想承担，也无法把它与你分开。如果你假装视而不见，那你的工作肯定一塌糊涂，你也肯定会成为整项计划执行的绊脚石。得到的结果必然是遭到同事的蔑视、老板的唾弃，并最终被淘汰出局。如果不抓紧树立起勇于负责的职业精神，无论你到了哪个公司，都不会得到老板的赏识，自然不会有好的发展，永远与成功无缘。

有的人缺乏责任感，是因为这样一种思想在作祟："负责是有权力的人的事情，我只是一个小兵，责任与我何干？"这种观点是大错特错、极为害人的。不同的职位有不同的职责，从来就没有一种职位不需要负责，即使职位再渺小、工作再平凡，也有不可推卸的责任。

有一位年轻护士，第一次担任手术室责任护士。伤口就要开始缝合了，她对外科大夫说："大夫，你只取出了11块纱布，可我们用了12块。"

"我已经都取出来了，"外科大夫断言说，"我们现在就开始缝合伤口。"

"不行！"年轻护士阻止说，"我们用了12块。"

"由我负责好了，"大夫严厉地说，"缝合！"

年轻护士激烈地抗议说："你不能这样做，我们要为病人负责！"

大夫微微一笑，举起他的手让年轻护士看了看第12块纱布，然后称赞说："你是一位合格的护士。"显然，他是在考验年轻护士是否具备强烈的责任感。

责任不会因为职位卑微而变得无足轻重，更不会因为受到权力的干扰而躲藏起来。责任面前，人人平等。只要是你的责任，你就要勇敢地承担。在执行的过程中，你是否像年轻护士那样勇担责任，还是借坡下驴，把本该你承担的责任推卸给别人，而不管造成多么严重的后果？

身在职场的我们，只有做到勇于负责，才会让你表现出卓越的执行力，在工作中崭露头角，做出优异的成绩，这样才能比别人获得更多加薪和晋升的机会。勇于负责，会让你敢于承担更重的担子，积极主动地为公司的发展出力流汗、建言献策，这样自然会得到老板的重用，将你培养成公司的顶梁柱。勇于负责，会让你的人格变得高尚，赢得同事的尊敬和老板的赏识。

白领职场攻略

没有责任心就没有执行力，就不能将工作做好。

2. 尽职尽责的过程决定完美的结果

确实，责任心能够推动我们去做一切，并且能够将所要做的事情做好。当余则成来到军统天津站后，强烈的责任心推动着他去做组织上交付给他的任务。比如，采取低调的策略化解掉军统天津站原来的工作人员马奎他们对自己的排斥与质疑，最终融入到这个集体，成功地获取了所想要的情报，交付给左蓝。

只有将工作顺利地完成，才能算作是一个真正具有责任心的人，这是余则成告诉我们的道理。可是在现今的职场上，许多人并不能做到这一点，他们的责任意识淡薄，在很多的时候只是将责任挂在嘴上。这样的人又怎么能在职场获得好的发展呢？

尽职尽责是所有企业对其内部员工的一条十分重要的要求，我们可以将尽职尽责的精神理解为一种“在其位，谋其政，负其责”的工作状态，按照这样的理解，尽职尽责实际上应该成为每一位在职场中拼搏的人们最应该具备的基本工作操守。

精通并能尽职尽责地彻底完成一件事，要比虽然懂得十件事，却只做皮毛好得多。美国有一位名人在做演讲时曾对学生说过："比任何事都重要的是，你们要懂得如何将一件事情做到最好；只要你能将本职工作做彻底、做得完美无缺，在与其他有能力的人竞争中就会立于不败之地，至少永远不会失业。"

一个成功的企业管理者也曾说过："如果你能真正制好一枚别针，应该比你制造出粗陋的蒸汽机创造的财富更多。"

每一个人在不同的人生阶段都有其不同的责任，同样地，每一位企业员工在其不同的职业生涯中也要担负起相应的责任，否则，就不可能享受到事业成功后的那份成就感和满足感。一个缺少责任意识的员工是不可能受到任何一个企业的欢迎的，因为这样的人在工作岗位上，往往会表现出做事拖拖拉拉、开小差、不积极主动推进公司发展的状态，他根本不可能将自身的工作做到彻底，当然，便无法取得完美的结果。

很多人都有过同样的迷惑，为什么那些能力不如自己的人，最终取得的成就远远大于自己？如果对于这个问题你百思不得其解，那么就认真回答下面的问题，也许你能从中找到真正的答案。

1）自己的前进方向是否正确？

2）自己是否对职业领域的每个细节问题了如指掌？

3）为了提高工作效率，创造更多财富，你是否经常阅读有关的专业书籍或资料？

4）你是否理解并认真做到全心全意，尽职尽责地将每件工作做到彻底？

如果你对上述这些问题的回答是否定的，说明制约你走向成功的症结就在于此。那么，无论从事什么工作，只要你遵循这几点，坚持将工作做到彻底，就一定能获胜！当然，选择的方向如果不正确，就立即停止，放弃努力，免得白费力气。

那些不负责任的建筑工人，将砖石和木料拼凑在一起来建造房屋，在尚未找到买主之前，有些已经被暴风雨摧残掉了；那些学术不精的医科学生，懒得花更多的时间学习专业知识，结果在给病人做手术时，手忙脚乱，使病人承担极大的风险；那些平时不认真研读法律法规的律师，办起案来笨手笨脚，白白浪费当事人的时间和金钱……这些都是不能将工作做彻底的结果。

业精于勤，无论从事什么行业，都应谨记这个道理。精通所在行业的方方面面，才是尽职尽责的最好体现，也只有这样，你才会比别人更出色。了解工作中的每一个细节内容，并努力将它做得最好，在你赢得良好声誉的同时，也为将来的宏图播下了希望的种子。

如果你对自己的工作不够了解，业务不够熟练，就不应该在失败之后去责怪别人，怨天尤人，你唯一该做的就是精通业务。这一点并不很难，但需要长时间的不断积累。所谓冰冻三尺非一日之寒。但是在我们周围，好多人随便读几本法律书，就自负地认为自己完全可以解决几桩疑难案件，或者听了几堂医学课，便急着给病人做手术，他们根本没有想到自己的不负责任将很可能打输一场官司或葬送一个宝贵的生命！

好多人之所以在工作中投机取巧，懒懒散散，原因就是在学生时代养成了半途而废，心不在焉，得过且过的坏习惯，总是寻找机会欺骗老师，蒙混过关。不遵守时间也是这些人的一惯作风，他们也正是因此而遭遇着失败。去银行办事时经常迟到，人们会拒付他的票据；与人约会总是迟到，会让人对他失去信任。如果一个人轻视身边的小事，那么他的整个人生必将浑浑噩噩，一事无成，他们工作起来手足无措，毫无头绪，他们的文件、稿子总是乱堆乱扔，从不进行分类管理，以致于自己的思维都受到干扰，无法正常工作，使别人再也无法相信他。

有这样品行的人，注定要走向失败，家人和同事也只能对他们摇头失望。最不幸的是，这种人一旦通过某种不正当的手段爬上领导位置，造成的结果就会更加严重，上梁不正下梁歪，其下属必定受到恶习影响。这样一来，公司从上到下一片混乱，又怎么能期待这样的集体创造出优良的产品与服务呢？

一位先哲说过：“如果去做一件事情，就投入百分百的努力吧！”还有位名人说：“无论你从事什么工作，都要全心全意地做！”

对待工作总是不能尽职尽责的人，他们总是设想工作和享乐可以同时获得，孰不知鱼和熊掌不可兼得，结果很有可能全部希望落空，追悔莫及。

白领职场攻略

在职场上，不乏具有出众能力的人，但却因为不具备尽职尽责的工作精神，不能把工作做彻底，结果使自己逐渐走向平庸。而另外有一些人，刚开始时在工作中表现并不出色，但他们总是想尽一切办法去尽职尽责把自己的工作做到彻底，结果，这些人最后在事业上取得了一定的成就。

3. 遇到问题找方法不找借口

要想在环境复杂的敌对阵营中被对方所重视，并且顺利地完成自我的使命，并不是一件简单的事，所遇到的问题是令人难以想象的。但是要完成自我的使命，即便是再困难、再复杂的问题，余则成都必须勇敢面对，都要想法子去化解。例如当吴敬中让他将妻子接到天津来，余则成实际上没有妻子。余则成当然知道吴敬中为什么要这么做，也考虑到如果自己不能够满足吴敬中的要求，就难以在军统天津站呆下去。当吴敬中向他提出这一要求后，他并没有寻找任何的借口推脱，而是积极去想办法，请求组织上给予他帮助。这样组织上便派来了翠平，帮他解决了问题。

在遇到问题时，只有将问题解决才能得以不断的发展。这是余则成告诉我们的另外一个职场生存法则。现实中，那些在职场中拥有很好的发展的优秀人士，他们都像余则成一样在遇到问题时，找办法解决而不是找借口。许多在职场中不如意的人在罅缝中惨淡生存的最主要原因，便是他们在很多的时候，为了推卸责任，不停地为自己的错误寻找借口。因此，如果你要在职场中获得一帆风顺的发展，就不要为自己的错误寻找借口。

为什么这么说呢?

因为，寻找借口虽然可以推卸掉一时的责任，但是却因影响了执行而给他人留下了不好的印象。如果你在工作中一遇到困难就千方百计寻找借口推卸责任，这种小花招虽然让你一时逃避了惩罚，但你有没有想过什么都不做的后果?

在困难面前消极逃避，你的工作能力自然得不到提高，长此以往，业绩和成效也将大打折扣。只有迎难而上，积极应对，认真分析问题，找出解决的方法，并坚定不移地执行下去，才是正确的工作态度。

当然，这需要你花费很大的精力，你可能要查阅大量的资料，可能要进行大量的市场调查，可能要加班加点坐在电脑前苦思冥想，可能要虚心向上司及有经验的同事请教，但这些都是你必须要做的。在一次又一次的攻克难关的过程中，你会积累起丰富的实践经验，个人的能力自然会随之大为提高。并且，你的自信心也会随之不断增强，当你坚信有能力克服一切困难时，你就不会再找借口推卸责任了。

还有，有时候你为了逃避责任，在问题面前不作任何决定，事事请教上司。一旦出现差错，你就会理直气壮地说，是上司让我这么做的，言外之意我可是服从领导、绝对执行的好员工，一切责任都应该由上司负责，至少也应该由上司负主要责任。

持有这种观点是非常可笑的，再加上自以为是就是可悲的了。你有没有想过，在所谓的服从领导、推卸责任的背后，就是能力低下和缺乏主动工作的精神。没有一个上司喜欢这样的员工，如果你是一个初入职场的新人，对于你的虚心请教，上司一般会不厌其烦地指导你；如果你老是事事请教，会浪费上司的时间和精力，打乱上司的工作安排，难免会引起上司反感，当你再把责任推到他头上时，你自然会为你不负责任的行为付出沉重的代价。巴顿将军为此说过："自以为是而忘了自己责任的人，一文不值，遇到这种军官，我会马上调换他的职务。一个人一旦自以为是，不负责任，就会远离前线作战，这是一种典型的胆小鬼的表现。唯有负责任的人，才会为自己从事的事业心甘情愿地献身！"

凯玛特和沃尔玛是同一年成立的零售商店，凯玛特很快就做到了全美第一的位置，然而经过40年的较量，沃尔玛最终战胜了凯玛特，沃尔玛成为了位居全球500强首位的公司，而凯玛特却被迫申请破产保护。一个广为流传的关于凯玛特的故事折射出了其中深层的原因：

1990年，在凯玛特的一次总结会上，一位高级经理认为自己犯了一个"错误"，他向坐在身边的上司请示。这位上司不知如何回答，又向上请示，而上司的上司又转过身向上询问。这样一个小小的问题，一直问到总经理帕金那里。这位高级经理回忆说："真是可笑，没有人发表意见，直到最高领导发话。"

怕承担责任而不作任何决定，最终葬送了一个公司。其实，一个人在工作中犯错是很正常的事情。工作一时出现差错并不可怕，可怕的是不敢承认错误，找借口推卸责任。一个人惧怕承担责任，就不会有勇气提高自己的工作能力，积极寻找解决问题的方法，从而改正错误并更好地完成任务。

承认并改正错误，也是负责的表现。只要你勇于承认错误，积极改正错误，将公司的损失减少到最低，让执行流程得以继续进行，即使老板或者上司责骂你几声，他也会原谅你。

“金无足赤，人无完人”，就是老板也很难保证不犯错误。被称为“世界经理人的经理人”的GE前首席执行官柯蒙·韦尔奇坦称自己在职场生涯初期曾犯下许多用人不当的错误，同时也靠直觉做出了不少决策。不过只要发现自己有错，他就会立刻承认。接下来他会反躬自省错在何处，聆听别人的看法，吸收更多信息，找出解决问题的方法。里克·梅伯瑞这样评价他：“如果看看他在20世纪80年代和90年代的所作所为，你会发现他犯过上千个错误。但他从不会犯两个同样的错误。这就是他的财富！”

白领职场攻略

在任何一个公司里，老板赏识的都是勇担责任积极执行的员工，那些怕承担责任而拒绝挑重担的胆小鬼，势必遭到淘汰。那就积极行动起来吧！勇于承认错误并积极改正错误，也是负责的表现！同样，只有树立强烈的自信心，才能冲破“怕承担责任而不敢做”的思想束缚！

4. 专心致志去做才能有收获

在复杂的环境中，随时都可能会有意想不到的事情发生。如果在这个时候，余则成稍有疏忽，则有可能前功尽弃。具有强烈责任意识的余则成充分地意识到了这一点，以至于他在做任何事情时，都会表现的小心翼翼，专心致志地去面对它。也正是因为如此，他才能在遇到一些困难时顺利地将它化解。例如，组织上派翠平来协助他。可是，翠平却不能明白自己现在工作的意义，经常性地向余则成要求工作任务，并且在有的时候会自作主张地去做一些事。她就像是放在余则成身边的一颗随时都可能爆炸的炸弹。余则成要想完成组织上交付给他的任务，就必须要让翠平有所改变，要让翠平知道她现在所担任的工作是何其的重要。在这个时候，虽说余则成看起来有些烦躁，但是他采取的方法并不是让她立刻明白，而是专心致志，小心翼翼地通过一些细小的事去影响他，潜移默化地改变她。他所作的一切，渐渐使得翠平有所变化，能够帮着余则成做一些简单的工作。

当我们做任何一件事情的时候都要有所付出，而我们要想取得更好成效，就必须向余则成一样专心致志地投入，脚踏实地地去做。对身在职场上的你来说，你即使没有一流的能力，但是你一定要有勤奋踏实的工作的精神，反之即使你的能力无人能比，如果没有专心致志，勤奋的做事态度，就一定会遭至社会的抛弃。

世界上绝顶聪明的人很少，绝对愚笨的人也不多，一般都具有正常的能力与智慧。但是，为什么许多人都与成功绝缘呢？

一个最重要的原因在于他们不愿意付出与成功相应的努力而习惯于投机取巧。他们希望到达辉煌的巅峰，却不愿意经过艰难的道路；他们渴望取得胜利，却不愿意做出牺牲。投机取巧是很多人的普遍心态，而成功者之所以成功的秘诀就在于他们能够超越这种心态。

古罗马有两座圣殿：一座是勤奋的圣殿；另一座是荣誉的圣殿。他们在安排座位时有一个秩序，就是必须经过前者，才能达到后者。勤奋是通往荣誉的必经之路，那些试图绕过勤奋，寻找荣誉的人，总是被排斥在荣誉的殿堂之外。

投机取巧只能令你日益堕落，只有勤奋踏实、尽心尽力地工作才能给你带来真正的幸福和快乐，才能助你成功。

生活中有很多的实例生动地证明了这样一个道理：无论事情大小，如果总是试图投机取巧，可能表面上看来会节约一些时间和精力，但事实往往是浪费更多的时间、精力和财富。

一旦养成投机取巧的习惯，一个人的品格就会大打折扣。做事不能善始善终、尽心尽力的人，其心灵亦缺乏相同的特质。他因为不会培养自己的个性，意志无法坚定，因此无法实现自己的任何追求。一面贪图享乐，一面又想修道，自以为可以左右逢源的人，不但享乐与修道两头落空，还会后悔不已。

从某种意义上说，在一个方向上一丝不苟，比草率分心、在多个方向发展可取。因为做事一丝不苟能够培养品格、获得智慧，加速进步与成长；尤其是它能带领人往好的方向前进，鼓舞人不断追求进步。

在一个公司里，那些勤奋刻苦，并有良好技能的人往往获得更多的升迁的机会。

在工作中，许多人都会有很好的想法，但只有那些在艰苦探索的过程中付出辛勤劳动的人，才有可能取得令人瞩目的成果。同样，公司的正常运转需要每一位员工付出努力，勤奋刻苦在这个时候显得尤其重要，而你的勤奋的态度会为你的前程发展铺平道路。

命运掌握在勤勤恳恳工作的人手上，所谓的成功正是这些人的智慧和勤劳的结果。即使你的智力比别人稍微差一些，你的实干也会在日积月累中弥补这个劣势。

实干并且坚持下去是对勤奋刻苦的最好注解。要做一个好的员工，你就要像那些石匠一样，他们一次次地挥舞铁锤，试图把石头劈开。也许100次的努力和辛勤地捶打都不会有什么明显的结果，但最后的一击石头终会裂开的。成功的那一刻，正是你前面不停地刻苦积累达成的结果。

如果你是有远大志向的人，你应该每天把这个问题在自己的心中问上几遍："我勤奋吗?"

勤奋敬业的精神是你走向成功的最基本的基础，它更像一个助推器，把你自己推到成功面前。如果有一天你终于成功，你应该自豪地对自己说："这是我刻苦努力的结果。"

与之相反，懒惰是成功的天敌。你可以问自己：我能不能够靠自己生存下去？认真地问自己，不要给自己放宽条件。

在一般人的眼里，汉夫雷·戴维肯定算不上命运的宠儿。由于出身贫寒，他接受教育和获得知识的机会极其有限。然而，他是一个勤奋刻苦的年轻人，当他在药店工作时，他甚至把旧的平底锅、烧水壶和各种各样的瓶子都用来做实验，锲而不舍地追求着科学和真理。后来，他以电化学创始人的身份出任英国皇家学会的会长。由此可见，不管你现在从事什么样的工作，只要你勤勤恳恳去做，你就是成功的，就会得到老板认可。

白领职场攻略

在这个世界上，投机取巧是永远都不会到达成功之路的，偷懒更是永远没有出头之日。在职场中，我们要想获得好的发展，就必须专心致志地将事情做好。

5. 永远忠诚于企业，获取自我发展的契机

如果说，智慧和勤奋犹如金子般珍贵，那么，比智慧和勤奋更为珍贵的便是忠诚。余则成就是忠诚于党，忠诚于自己事业的人。也就是这种忠诚让他牢记自己的责任，能够将自己所要做的事当成自己的事情来做，从而在军统天津站立稳了脚跟，顺利地完成了组织交付给它的各种任务。

在现今的职场，能获得很好的发展的员工，都拥有着余则成一样的忠诚。把公司的事当作自己的事来做的员工，就是永远忠诚于公司的优秀员

工，因为他们比任何一个人都清楚，那就是公司是他们获取成功、体现自我价值的平台，他们的命运与公司的命运息息相关。

事实上也是如此，我们很难看到一个不忠诚于自己所在公司的员工能有着很好的个人发展，即使有，那也是暂时的，他们终将为自己的不忠诚付出沉重的代价，并因此而成为职场上不受欢迎的人士。

“永远忠诚”应该作为每一个员工的工作箴言。在当今世界上，有很多历经百年仍然生机勃勃的公司。可口可乐、福特、沃尔玛、柯达等，这些公司长盛不衰的原因在于始终有一批“永远忠诚”的职员。而在公司获得发展的同时，这些忠诚于公司的员工，他们个人也同样获得很好的发展。可惜的是，现今有些人在面临“永远忠诚”和“背叛公司”的选择时，常常选择了后者，因为背叛可能马上获取高额的个人利益，而忠诚却看不到未来是什么样子。

忠诚虽然不像背叛那样可以快速“致富”，但从长远来看，却可以获取事业、前途和荣誉。而背叛虽然可以从第三者那里获取一笔出卖公司利益所得的款项，但连购买利益的第三者都会看不起你。背叛者除了受到法律的制裁外，还会受到道德谴责，以及来自良心上的不安。

而最感人的事例，是发生在张亮和马强身上的事情。

张亮大学毕业时到了一家软件开发公司工作，和他一起的，还有他的同学及好友马强。他们两个人都被分配到程序编辑组，有机会接触到公司最核心的技术秘密。

他们所面临的社会，是一个充满陷阱和诱惑的社会，加上软件企业当前的争战相当激烈，自从他们进入程序编辑组那天起，就有竞争对手想从他们那里套取技术秘密。

刚开始的时候，张亮和马强都顶住了诱惑。但是，时间一长，马强开始动摇了。有一天晚上，两个人还在单身公寓里为此吵了起来。

“我想不明白，对方开出那么好的价钱，顶得上我们两个人一年的工资，为什么不可以答应?”马强说，他指的是某竞争企业出资十万美元购买他们俩参与的一项软件的数据库。

“那违背了我们的做人原则，背叛公司是可耻的。”张亮说。

“我知道你很正直，可正直值几个钱呢?”马强说。

正直值几个钱呢?张亮说不出来，但他显然已经生气了。

“再说，我们卖出去，公司也未必能够发觉；即使发觉，也未必知道是我们干的，我们小组可有二十几个人哩。”马强还在说。

“别说了，反正我不同意!”张亮终于吼起来了。

马强看到张亮生气了，便表示放弃。但他心中并没有放弃，他决定瞒着张亮。

十万美元很快进入了马强的腰包，谁也没有发现，包括张亮在内。但是，两个月后，竞争对手抢先一步推出相似软件，迅速占领市场，让张亮所在公司为此损失数百万美元，公司终于知道有人出卖技术秘密了。

张亮首先想到的是马强。

马强向张亮承认了出卖数据库的事。

“我知道你不同意那么做，所以我瞒着你做了；我知道你是我的好朋友，不会揭发我，所以我坦然地向你承认了。”马强说，“我们利用这笔钱去做点大事情吧，比如开家公司，别在这儿打工了。”

“不，马强，我是你的好朋友，但是你做错事了，我一定要揭发你!”

马强非常震惊，难道友谊一下子就没有了?他抬起头来，想阻止张亮去揭发他，但当他看到张亮眼中含着泪花时，又低下了头。他明显感受到了张亮心中的痛苦。

两天后，张亮和马强一同走进了总裁办公室，马强还带着那张十万美元的支票。

总裁要奖励张亮，张亮拒绝了，因为他说他出卖了他的朋友，虽然朋友做错了，但毕竟是朋友。

马强交出十万美元的支票，并主动要求承担法律责任，因为十万美元远远不能弥补公司的损失。

面对两个年轻人的决定和态度，总裁愣了足足五分钟。最后，他终于开心地笑了，他走过去，拥着两个年轻人的肩膀："我太高兴了，公司虽然损失了数百万美元，可我拥有了两个能够主动承担责任的员工。你们的价值，绝对不止百万美元！这件事就当没有发生过，就我们三个人知道就是了，至于那十万美元，你们自己处理吧。"

那十万美元，最后捐给了一所小学。

公司停止了泄密调查，除了三个人知道以外，其余人都不知道泄密的原因。两个年轻人继续在公司开发软件，六年后，两个人分别担任了技术开发部总经理和市场推广部总经理。他们的公司，已经成为世界顶级的软件开发企业。在你使用的电脑中，也许就渗透着两个年轻人的汗水。

在当今这样一个竞争激烈的年代，谋求个人利益，实现自我价值是天经地义的事。但是，遗憾的是很多人没有意识到自我实现与忠诚和敬业并不是对立的，而是相辅相成、缺一不可的。许多年轻人以玩世不恭的态度对待工作，他们频繁跳槽，觉得自己工作是在出卖劳动力；他们蔑视敬业精神，嘲讽忠诚，将其视为老板盘剥、愚弄下属的手段。

管理学普遍认为，老板和员工是一对矛盾的统一体，从表面上看起来，彼此之间存在着对立性——老板希望减少人员开支，而员工希望获得更多的报酬。但是，在更高的层面上，两者又是和谐统一的——公司需要忠诚和有能力的员工，业务才能进行；员工必须依赖公司的业务平台才能获得物质报酬和满足精神需求。因此，对于老板而言，公司的生存和发展需要员工的敬业和忠诚；对于员工来说，丰厚的物质报酬和精神上的成就感离不开公司的存在。

忠诚是职场中最应值得重视的美德，只有所有的员工对企业忠诚，才能发挥出团队的力量，才能凝成一股绳，劲往一处使，推动企业走向成功。一个公司的生存依靠少数员工的能力和智慧，却需要绝大多数员工的忠诚和勤奋。

老板在用人时不仅仅看重个人能力，更看重个人品质，而品质中最关键的就是忠诚度。在这个世界上，并不缺乏有能力的人，那种既有能力又忠诚的人才是每一个企业企求的理想人才。人们宁愿信任一个能力差一些却足够忠诚敬业的人，而不愿重用一个朝三暮四、视忠诚为无物的人，哪怕他能力非凡。如果你是老板，你肯定也会这样做。

如果你忠诚地对待你的老板，他也会真诚对待你；当你的敬业精神增加一分，别人对你的尊敬也会增加一分。不管你的能力如何，只要你真正表现出对公司足够的忠诚，你就能赢得老板的信赖。老板会乐意在你身上投资，给你培训的机会，提高你的技能，因为他认为你是值得他信赖和培养的。

对老板忠诚并不是口头上的，而是要用努力工作的实际行动来体现。我们除了做好份内的事情之外，还应该表现出对老板事业兴旺和成功的兴趣，不管老板在不在身边，都要像对待自己的东西一样照看好老板的设备和财产。另外，我们要认可公司的运作模式，由衷地佩服老板的才能，保持一种和公司同发展的事业心。即使出现分歧，也应该树立忠实的信念，求同存异，化解矛盾。当老板和同事出现错误时，坦诚地向他们提出来。当公司面临危难的时候，和老板同舟共济共渡难关。

著名管理大师李·艾柯卡，受命于福特汽车公司面临重重危机之时，他大刀阔斧进行改革，使福特汽车公司走出危机。但是福特汽车公司董事长小福特却对艾柯卡进行排挤，这使艾柯卡处于一种两难境地。但是，艾柯卡却说："只要我在这里一天，我就有义务忠诚于我的企业，我就应该为我的企业尽心竭力地工作。"尽管后来艾柯卡离开了福特汽车公司，但他仍很欣慰自己为福特公司所做的一切。

"无论我为哪一家公司服务，忠诚都是我的一大准则。我有义务忠诚于我的企业和员工，到任何时候都是如此。"艾柯卡这样说。艾柯卡不仅以他的管理能力折服了员工，也以自己的人格魅力征服了员工。

也许你的上司是一个心胸狭隘的人，不能理解你的真诚，不珍惜你的忠心，那么也不要因此而产生抵触情绪。老板是人，也有缺点，也可能因为太主观而无法对你做出客观的判断，这个时候你应该学会自我肯定。只要你竭尽所能，做到问心无愧，你就在不知不觉中提高了自己的能力，争取到了未来事业成功的砝码。

绝大多数人都必须在一个社会机构中奠基自己的事业生涯。只要你还是某一机构中的一员，就应当抛开任何借口，表现出自己的忠诚和责任心。将身心彻底融人公司，尽职尽责，处处为公司着想，对投资人承担风险的勇气报以钦佩，理解管理者的压力并给予体谅。

忠诚是一种职业生存方式。如果你选择了为某一个人工作，那就真诚地、负责地为他干吧；如果他付给你薪水，让你得到温饱，那就称赞他，感激他，支持他的立场，和他所代表的机构站在一起。

白领职场攻略

忠诚是最重要的美德。那些忠诚于老板、忠诚于企业的员工，都是企业值得骄傲的根本。优秀的人才，在本职工作之外，他们还积极地为公司献计献策，尽心尽力地做好每一件力所能及的事。

6. 注意细节的重要性

在《潜伏》中，跟余则成形成鲜明对比的是翠平，那个被组织上派来协助余则成工作，大大咧咧，原来是游击队长的女人。翠平虽说有着很强的责任心，有着想要做好工作的热情，但是她那种大大咧咧的性格却在很多时候，给余则成添了一些不必要的麻烦。例如有一次，她和余则成应邀前往军统天津站站长吴敬中家赴宴时，急切地想要偷取机密情报，却差一点落入到军统天津站行动组组长马奎预先设计的陷阱，幸好被细心的余则成发现，才巧妙的化解，使得马奎的阴谋破产。

就像前面所说的一样，无论我们做什么事情，只有将它做好才能真正的体现出我们的价值。而对一个具有强烈的责任感的人来说，他们的目标就是尽自己的能力将事情做好。那么如何才能做到呢？从上面的叙述中，我们已经知道了，在很多的时候，忽视一些小的细节可能使得我们所做的事前功尽弃。在现如今的职场之中，不可否认的是，几乎每一位员工都是满腔抱负、胸怀大志的，但是依然会有人无法取得成功。这主要就是因为他们往往忽略了一点，那就是成功往往都是从点滴开始做起的，甚至是从最细小的地方开始的。如果身在职场中的我们不能做到这一点，也就无法实现自己的理想和目标了。

海尔总裁张瑞敏先生在比较中日两个民族的认真精神时曾说：如果让一个日本人每天擦桌子六次，日本人会不折不扣地执行，每天都会坚持擦六次；可是 如果让一个中国人去做，那么他在第一天可能擦六遍，第二天可能擦六遍，但到了第三天，可能就会擦五次、四次、三次，到后来，就不了了之。有鉴于此，他表示：把每一件简单的事做好就是不简单；把每一件平凡的事做好就是不平凡。

所以，在工作中尤其要注重细节，从小事做起。正如汪中求先生在《细节决定成败》一书所说的："芸芸众生能做大事的实在太少，多数人的多数情况总还只能做一些具体的事、琐碎的事、单调的事，也许过于平淡，也许鸡毛蒜皮，但这就是工作，是生活，是成就大事的不可缺少的基础。"由此，我们在工作中需要改变心浮气躁、浅尝辄 止的毛病，提倡注重细节，把小事做细、做实。

这是一个发生在美国通用汽车的客户与该公司客服部间的真实故事。

美国通用汽车公司的庞帝雅克（Ponhac）部门曾收到过这样一封客户的抱怨信，上面写到："这是我为了同一件事而第二次写信给你们，我并不会责怪你们为什么不给我回信，因为我自己也认为，我在信中所些的内容会让别人认为我是疯子，不过我要说的是，这的确是一个存在的事实。"

"在我们家，一直有一个传统的习惯，那就是我们全家每天在吃完晚餐后，都会把冰淇淋当作我们饭后的甜点。因为冰淇淋的口味很多，所以每天，我们都要在饭后投票进行决定要吃哪一种口味，等到意见一致后，再由我开车去购买。"

"可是，自从我最近买了一部新的庞帝雅克后，在我去买冰淇淋的这段路程上，就出现问题了。"

"问题到底是什么呢？这就是每当我买的冰淇淋是香草口味时，我从店里出来后，车子就无法发动。但如果我买的是其它口味的冰淇淋，车子发动就会顺得很。我写这封信的原因就是想要让你们知道，我对这件事情是非常认真的，尽管这个问题听起来让人觉得很可笑。为什么当我买了香草冰淇淋的时候，我的车就无法发动，而我不管什么时候买其它口味的冰淇淋，它总是生龙活虎的呢？这是为什么？到底是为什么？”

事实上，庞帝雅克的总经理对这封信确实是心存怀疑的，不过他还是派了一位工程师去查看原因。当工程师找到写信的这个人时，他很惊讶地发现，这封信居然是出自于一位事业成功、乐观，且受过高等教育的人。

工程师与这个人的见面时间刚好是约在用完晚餐的时间，于是两个人一个箭步跃上车，向冰淇淋店开去。那个晚上他家人的投票结果是购买香草口味的冰淇淋，而当他们买好后回到车上时，车子的确无法发动了。

工程师后来又连续来了三个晚上。

第一个晚上，购买巧克力口味的冰淇淋，车子没事。

第二个晚上，购买草莓口味的冰淇淋，车子也没事。

第三个晚上，购买香草口味的冰淇淋，车子无法发动。

这位工程师是个十分有思维逻辑的人，到目前为止，他还是无法相信写信的这个人的车子是对香草过敏。因此，他仍然没有放弃继续与他安排见面的行程，希望能够彻底起找出车子无法发动的原因。工程师开始认真地把从头到现在所发生的种种详细数据记录下来，如相关的时间、车子使用油的种类等等，最后，根据数据显示他发现了一个结论，这个人买香草冰淇淋所花的时间要比买其它口味的时间少。

那么这是何种原因呢？原来是与这家冰淇淋店的内部设置有关系。因为所有冰淇淋口味中最畅销的就是香草冰淇淋，店家为了让顾客能够节省时间，便将香草口味特别分开陈列在单独的冰柜里，并将这个冰柜放置在店的前端；而其它的口味，则放置在距离收银台较远的后面。

目前，工程师所要解决的疑问就是，为什么这部车会因为从熄火到重新启动的时间较短时就会无法发动？原因自然不会是因为香草冰淇淋的关系，而工程师很快便得出了答案，应该是“蒸汽锁”的问题。因为当他购买其它口味的冰淇淋时，由于时间比较长，引擎便有足够的时间散热，重新发动时就不会出现太大的问题。但是买香草口味时，由于花的时间比较少，引擎过热，以致于没有足够的时间来让“蒸汽锁”散热。

自然，写信的这个人购买香草冰淇淋是没错的，但不可否认的是，购买香草冰淇淋确实和汽车故障存在着一定的逻辑关系。问题的症结点就在一个小小的“蒸汽锁”上，这无疑是一个很小的细节，不过到最后，这个细节还是被细心的工程师发现了。这里便出现了一正一反两方面的教训，一方面，厂家并没有注意到“蒸汽锁”这个细节，才导致产品出现了这种奇怪的故障，而从另一方面说，庞帝雅克的工程师同样是因为注重了细节，谨慎小心地进行分析，最后才终于找出了故障的原因。

从上面的故事中不难看出，现代商业的成败，很大程度上是由细节决定的。往往是大笔的金钱投入下去后，只不过是为了赚取百分之几的利润，而在这个过程中，如果任何一个细节出现失误，则很有可能就将这些利润完全吞噬掉了。因此，对于工作中的细节，我们是没有理由不去重视的。在管理学中有一种“蝴蝶效应”理论，尤其能说明细小的行为变化对全局的影响。

1979 年 12 月，在华盛顿曾经举办了一次美国科学促进会，在此次会议上，洛兰兹在讲演中提出这样的观点：如果一只蝴蝶在巴西扇动了翅膀，那么美国的得克萨斯就有可能会受到影响而引起一场龙卷风。当时，他的演讲和所下的结论给人们留下了极其深刻的印象。从此以后，这种“蝴蝶效应”之说便不胫而走了。产生“蝴蝶效应”的原因在于：蝴蝶翅膀的运动，导致其身边的空气系统发生变化，并引起微弱气流的产生，而微弱气流的产生又会引起它四周空气或其它系统产生相应的变化，由此引起连锁反应，最终导致其它系统的极大变化。此效应说明，事物发展的结果，对初始条件具有极为敏感的依赖性，初始条件的极小偏差，将会引起结果的极大差异。

“蝴蝶效应”之所以影响如此广泛，根本原因就在于，它反映了混沌运动的一个重要特征，即：系统的长期行为对初始条件的敏感依赖性。

那么对于一个企业的发展来说，它们的“蝴蝶”又存在于哪里呢？应该说，员工的每一次细微的工作，一个产品的包装设计、一句广告语的创意、回访一个客户……这些微小的行为都和公司这个大家庭的兴盛有内在的逻辑关系。曾经有这样一个发人深省的故事，也体现出了细节的重要性。

在日本东京的一家贸易公司里，有一位专门负责为客商订票的女员工，在她所负责的客户里，有一位德国大公司的商务经理，他经常需要往返于东京与大阪之间。没多久，这位经理就发现了一件有趣的事：每次他去大阪时，座位总是在列车右边的窗口；而返回东京时，又总是靠在左边的窗口。于是，这位经理便向给自己订票的女员工询问原因。这位女员工笑着回答说：“当列车开去大阪时，富士山会出现在您的右边，而返回东京时，山又出现在您的左边。我想，一般来说，外国人都很喜欢日本富士山的景色，因此，我替您安排了不同位置的车票。”虽然只是这么一件很不起眼的小事，但却使这位德国经理深受感动，于是，他把与这家公司的贸易额由400万马克提高到了1200万马克。

有句话说“一叶绿而知春”，这位女员工连这样一件小事都想得如此周到，那么推而广之，她的所作所为何尝不是反映出了整个公司的素质和水平呢？就算这家贸易公司的管理制度如何精细，也不可能会细到要考虑乘车的人看到风景这一条吧！并且不管制度如何先进，总还是需要有人去落实。因此，高素质的员工绝对不会将自己定位于普通员工的标准上，他们总是会将自身的智慧与精力完全地集中在工作上，把每一件事情都做得尽善尽美，从而才使得每个普通岗位都能够发挥最大的能量，为公司实现利润最大化。

但凡那些功成名就之人，其实并不是有什么特别的原因，他们仅仅是比普通人多注重一些细节问题而已。比如说东汉的薛勤曾经说过这样的话：“一屋不扫，何以扫天下？”这难道不值得令人深思吗？而儒家讲求“修身、齐家、治国、平天下”，讲的不也是同样的一个道理吗？凡事都是由小至大的，如果连小事都不愿意去做，那么大事就一定会成空想。先哲荀子在《劝学》中也有这样的阐述：“不积跬步，无以至千里；不积小流，无以成江海……”对于“七个烧饼”的故事，相信很多人也并不陌生：有一个人买烧饼充饥，吃了6个没吃饱，当吃到第7个时感觉到饱意，于是他就觉得前面6个烧饼的钱都白花了，早知道如此，当初还不如直接购买第7个烧饼好了。其实，这里面所包含的哲学思想就是从量变到质变的过程，可能有些人无法上升到理论高度来对这个事实进行阐述，但有一点是大家都明白的，那就是若没有前面那6个烧饼的垫底，又怎么会有吃第7个烧饼就饱的结果呢？

这放在当今职场上，也是同样的道理。在如今这个竞争激烈的商业环境中，随着公司的规模日益扩大，员工的数量也是直线上升，分工自然也就越来越细，在这其中，能够从事大事决策的高层主管毕竟只占少数，绝大多数的员工从事的都是那些看似不起眼的简单繁琐的小事，可是，正是这一份份平凡的工作和一件件不起眼的小事，才实现了公司的业绩。立大志，干大事的精神固然无可厚非，但只有能够脚踏实地从小事做起，从点滴做起，注意细节的重要性，才能养成严密周到的作风，才能成就大事，难道不是吗？

所谓细微之处见精神。细节，本身就是微小而细致的，在市场的竞争中，细节的把握可能无法令员工马上成为叱咤风云的人物，也不可能像疯狂促销那样，立竿见影地使公司的业绩飙升。但是，细节的竞争却无时无刻不在潜移默化地发生着作用。在今天，大刀阔斧的竞争往往并不能将市场做大，但细节上的竞争却是永无止境的。

由此可见，从细节做起，对于每一个员工来说都是十分重要的，任何忽视细节的行为都可能会带来严重的影响，那么，你还有理由不去注重细节吗？

白领职场攻略

以认真的态度做好工作岗位上的每一件小事，以责任心对待每个细节。只有小事做好了，才能在平凡的岗位上创造出最大价值。

7. 以正确姿态面对无法如期完成的工作

在潜伏的过程中，余则成并不能将遇到的所有的问题都处理好。令他感到最为难过的，可能就是自己女友左蓝之死。但是余则成并没有因为自责而忘记自己的使命。一个有责任感的人是绝对不会把自己的过失归咎于外在环境和他人，更不会逃避自己应该承担的责任的。他们懂得根据自己的价值观做出相应的选择，知道自己有责任为自己和别人创造一个良好的外部环境。他们从来不把自己应该负责的事情推卸给他人、归咎于客观环境或时间。现今的企业，所需要的就是这样的员工。

有一家企业的老总曾说过一件事。

> 有一次，他的司机来接他，因为出了点麻烦晚点了。司机一看到他就说："对不起，这是我的错。"这种态度十分可取。假如司机一看到老总就说，"实在没办法，堵车了，半路抛锚，而且快到时又没找到路。"那么，这位老总一定会很不高兴。但是这位司机没有那样做，而是主动承认错误。

这就是负责任的态度，不管做什么事我们都要有这样的心态。

人们在生活中通常有两种行为，一种是努力地展现自我，一种是不停地为自己辩护。

有这样一对年轻夫妇，他们有个快满周岁的孩子。这个孩子经常坐在床沿边玩玩具。一个星期天的早上，正当这个孩子坐在床沿上玩的时候，年轻的母亲伸手过去扯床上的床单，孩子“扑通”一声掉在地上，大哭起来。年轻的父亲听到后过去看看是怎么回事，不料这位年轻的母亲看到自己丈夫的第一句话竟是：“我以为……。”

年轻的父亲立刻打断道：“我替你说吧！我以为他不会掉下去，我以为他翻一个筋斗就会站好。还有什么理由？你是受过高等教育的，你难道不明白惯性定理，一个东西放在床单上，你一拉床单，它就会掉下去的。所以，你应该说，是我们不好，我们把惯性定理给忘了。”从此以后，这位年轻的太太就养成了犯错之后不辩解的习惯。

辩解对避免重犯错误毫无益处，而只会减轻本应由犯错的人承担的责任感，该重视的时候不重视，导致错误的再次发生。相反，如果犯错的人能主动承担责任，就会在他内心留下深刻的印象，从而时时警示他不要重蹈覆辙。

也就是说，如果由于未完成相应的工作而被迫追究责任时，应将情况完整地呈报上级，以期得到相应的指示。不论完成的结果如何，都要将情况如实地向当事人反应。

在自己不能完成任务时，首先应扪心自问：是没有用心去完成呢？还是阻碍太多了呢？如果是连做都还没有开始做的情况，就要好好地反省一下：是自己忘记了，抑或是这件任务根本没有做的必要？

接下来，要考虑到善后问题，究竟能不能完成？是坚持自己的判断，还是改变主意马上执行？

工作未能如期完成并不可怕。因为，工作的成败并不是以一时的胜负来判断的。但是，如果养成了偷懒的坏习惯，就会为日后的工作带来很多失误。所以当你发现工作进度不如预期中顺利时，就必须认真地进行检讨。

有时我们在制定计划后，过些时间会发现完成的工作连一成也达不到，剩下的九成尚停留在思考阶段，有时可能在半年后或一年后才得以完成。

理所当然地，所有与人相关的工作，都应该最先进行。对不能出席的预约、取消的事项，都应该直接打电话给当事人表示歉意，而且，随后还要亲笔致函表示歉意。对于这样的情况应尽快地给对方答复。

处理工作时难免会遇到应该暂时保留之事、应该放弃之事，也有必须要积极去进行的事。

工作都是有一定期限的，若超过期限都还没有完成所要求的工作，便会被认为缺乏效率。因此，当你预计有不能完成的工作时，必须清楚它可能带来的后果，以正面姿态面对这些无法如期完成的工作。

白领职场攻略

正确积极的心态有利于让无法如期完成的工作向着良好的方向发展，当遇到此类问题的时候，卓越的员工不会逃避，也不会畏缩，而是更加积极地去面对和解决。

8. 每天都要自律

一个真正具有强烈的责任感的人，同样是一个有着强烈自律精神的人。因为，他们始终将自己所要做的事放在心中，所想的大多是如何才能将事情做好。他们的这种强烈的自律精神，让他们知道哪些事情该做，哪些事情不该做，从而保障了能将事情做得更好。余则成就是这样一个有着强烈的责任感以及自律精神的人。试想一下他所工作的环境以及所接触的那些人，如果他缺乏了应有的自律精神，不要说完成组织上交代的任务，恐怕还可能蜕变。在现今的职场上，我们同样要像余则成一样，具有良好的自律精神，并且做到每天都要自律。因为自律的人才能做好自己的本职工作，不断创造佳绩。

自律的具体表现是：很想弃甲而逃，却终于坚持下去；很想破口大骂，却按捺情绪，暗暗从 1 数到 100；心虚情怯，脸上仍带着笑容；真想放弃，却苦撑到底。但是，自律绝不是否定自己或限制自己。自律是内心的训练，自律是毅力的具体表现。

不知自律的人任由他们的生活受宿命或机遇的摆布。他们以为自己的生活都受企业、通货膨胀或传统观念的控制。那些缺乏约束力的员工，往往为所欲为，任由自己的缺点泛滥成灾。

缺乏自我约束能力的人，得不到任何有价值的东西。他也许有心进取，态度积极，他也许想上月球，甚至幻想自己是航天员，但他若不能严以自律，缺乏自律精神，永远也上不了宇宙飞船发射台。

而了解命运在自己掌握之中的人，却能依靠自己，追求成功。他们的成就是他们鼓舞自己、发展梦想并审慎策划的结果。所以，能不能达到目标，要看自我约束力的大小。

自我约束需要勇气，这不是与生俱来的能力，而是后天训练的结果，特别是职场训练的结果。训练涉及身心两方面，可能很艰苦，因为必须改变过去自由散漫的习惯。

任何习性和态度一旦形成已久，必将通过行为和反应每天不断增强自我意识。日常习惯处处影响着人的思想程序和行为模式。有些习惯可能使人获益匪浅，有些习惯却会败坏你的大事。

不良习惯一开始往往无伤大雅，但积习成癖，一旦壮大起来，在消极态度的助长下，终会成为牢不可破的牢笼。它能束缚一个人的思想和行为。相反，好的习惯却能使人变得强韧和高尚。

只要能有效地自我约束，便可养成积极进取的好习惯。只要能有效地自我约束，便可永远改变自己的坏习惯，增加追求上进的勇气和能力。自律和持之以恒相伴，是成功必备的两大要素。

大多数员工可能已经习惯了感情用事，从中体会自足的乐趣，然而，这样的员工体会不到尽力完成一件任务之后的满足感，体会不到自我约束后的惬意和战胜自我的成就感。而这些都是工作乐趣的主要成分。不经辛苦工作，高水平的技能和自主的力量就无从得到。

老板并不是傻瓜，那些投机取巧、坐享其成的员工在得到片刻欢喜、短暂的便宜之后，必定会产生如蛆附骨的忧虑：“下次我还逃得掉吗?”“不知道老板什么时候会发现这件事的真相?”这就是缺乏自我约束所造成的心理压力。

反过来说，一个员工以辛苦工作和严于自律的方式获得成就，他便成功地向老板印证了自己创造佳绩的能力。这样的员工，才能得到老板的提拔。

一位成功的员工，在准备去向客户推销产品之前，他一定在心中预习推销的技巧和表达方式，预想可能遭遇的困难，尤其是客户可能提出的反对意见和疑问，然后努力模拟说服他们的情景。他想象自己轻松自如，信心十足，言谈幽默地应付全局，让顾客深感满意。在准备拜访的前一晚，他可能很想去打打保龄球，娱乐一下，但他控制住自己，留在家中预习明天要做的事，度过一个平静的夜晚。第二天，他必将胸有成竹地和客户周旋，从而将自己的产品推销出手。这就是自我约束的结果。

自我约束就是在内心练习的能力。有成就的人能控制自已的感情，用工作和实习来磨练自己。他们知道，经过训练的能力才是真正的实力，才是经得起考验的能力。航天员、运动员、演员、医生、公司主管和业务员，都需要在心中一遍又一遍地练习，使他们的技术完美无瑕。这一切并不需要任何人的鞭策，都是自动自发的行为。

业绩突出的员工知道习惯由思想而生，他们控制自己的思想，养成优秀的习惯，而表现优异，正是顶尖人物的特征。无论从任何角度看，自我约束都是一种自爱的表现，一个缺乏自我约束的员工，就是一个不自爱的员工，对于这样的下属，老板当然不会欣赏他。

约束力可以在想象中练习，在临睡之前练习，在醒来之后练习，在洗澡时练习，在行走或乘车时也练习。

十七世纪荷兰著名画家伦勃朗曾写下他自我训练的秘诀：“好好练习既有的技能，运气好的话，在练习中可以发现你应知而未知的事物，这就是温故而知新的道理。”

白领职场攻略

严于自律、控制情绪的人，必定是工作成就最高的人。他们可以不受感情牵绊地完成使命，也不会养成自毁前程的习惯。可能自律有时是很痛苦的事，但痛苦是暂时的，如同切除肿瘤，当时是痛苦，但过后你肯定将获得丰厚的回报。

DI WU ZHANG

第五章

在很多的时候，应当主动去做一些事

——看《潜伏》学习调整工作态度

一个真正有能力的人，能够得到重用的人，是等待上司布置任务才行动呢，还是积极主动去做事？从余则成的身上，我们所得到的答案是后者。确实如此，在现今的职场中，我们只有拥有了积极主动的工作态度，积极主动将事情做好，才能获得上司和老板的青睐，为自我的职场发展开辟出一条金光大道。

1. 首先要相信自己能行

自信，或许是余则成身上另外一个显著的特征。正是这种自信，使他能够游刃有余地处理自己所面临的一个个危机，例如借助站长吴敬中和陆桥山之手巧妙地除掉了马奎，在李涯怀疑到他的身份，并且潜入他住处发现了一些秘密之后，他还能十分镇静的一一化解。这些都是他的自信心，以及良好的心理素质在起作用。与金钱、势力、出身背景、亲友相比，自信是最重要的东西，是人们从事任何事业最可靠的资本。也就是说，在现今的社会中，我们要想实现自己的理想与目标，在职场中获得更好的生存与发展，就必须拥有像余责成一样的自信心。

因为，自信能帮助人排除各种障碍、克服种种困难，能使事业获得完满的成功。

汉纳先生在初次登上政治舞台时，他非常不自信，他简直不敢在大庭广众之下开口。当他第一次面对公众演讲的时候，他脸色发白，膝盖颤抖，仿佛随时都有昏倒的可能。他那种痛苦不堪的样子，任何人见了，都会不由自主地替他难过。

但他并没有被恐惧吓倒。他似乎对自己的尴尬经历看得很淡。他知道自己不能靠咬紧牙关去讲完一个长篇演讲。聪明的他从慢慢培养自己的自信心入手。那么，他具体又是怎样做的呢？

他决定在做第一次政治巡回演讲的时候，开始只做一些很短的演说。这样，他就不至于太紧张了，就能够尽量轻松地表达自己的想法。无疑，这一方法是可行的。这些小小的成功增强了他的自信心，到这次讲演将近结束时，他已经可以连续讲半小时，而且不觉得很吃力了。后来，公共演讲成了汉纳非常擅长的一种工作。先从容易的事情做起，让一次次的小成功增强自己的信心，由此，汉纳养成了一种成功的习惯。

最能使人前进的一种刺激，是成功后的成就感。事无巨细，只要能做成功，使一个人从中能尝到一点成功的滋味，他便会渴求更大、更辉煌的成功。一个做事经常失败的人是很难对自己有信心的。自信需要积淀和培养，它有自己的成长过程。也就是说，每当你成功地做完一件事情时，你对自己的信心就会增强一点，所以，对自己很强的信心是建立在无数成功的基础上的。

当然，这些成功可以是各种各样的。比如你今天又克服了自己的惰性，跑了2000米；你又解决了一个难解的二元一次方程，或者你把老板交给你的任务完成得很漂亮，这都是一些成功的事情。虽然它们微不足道，但如果我们能在小事上经常成功，就会充满成就感，对自己逐渐树立起坚定的信心来。

美国最有名的剧院经理哈利斯就曾讲起过他是如何用这种方法把麦加芬训练成世界轻量级拳击王的。他说：

“这完全要取决于慎重地选择和他比赛的对手。任何人在任何事上要取得成功都莫不如此。我让麦加芬先和某某对拳，然后又和另一个运动员交手，这样一个一个地进行下去。我每次所挑选的对手，都不会使他很难取胜。不过，每次我总会把对手的水平提高一些，每后一次取得胜利总会比上一次难一点，这样，就能让他在每次比赛后能够有所收获。

“我让他慢慢地前进，但是我总不让他在某一处就停滞不前。我不让他过于自信，每次叫他去应付的那些人都不可能轻易取胜。我也不会让他丧失自信，让他去与一个必定会打败他的人过招。”

要造就一个大商人、一个好医生或律师、一个伟大的戏剧家或艺术家，都可以用这种训练拳手的方法。这种方法惟一的缺陷就是进步的速度可能不会很快。但同时你要知道，谁如果想一步登天，那么他必定会以失败告终。先去专攻一项难度稍微小一点的工作，然后把难度再慢慢加大，这样一步一步地学下去。麦加芬要得到世界冠军，就得用这种办法，而你如果想获得事业上的成功，也得如此。大多数人容易犯的错误就是，他们还没有从小事上得到足够的经验，就急于想去应付一个大的对手，着手一项大的事业。

你的上司是否把最容易的产品让你去推销，让你处理一些很容易的信件，或者让你解决一些容易的问题呢？如果是这样，那么你最好先把这些事情做好，渐渐养成一种成功的习惯，从小事上建立起自己的信心，时机到了的时候，你就可以有准备地做一些较难的工作了。

这种对于自己绝对自信的品格，是一切成功的大人物都具有的。这是他们通过不断取得的胜利造就的——这就是成功的习惯，它只能从许许多多的小事中得来。经常体验一些胜利的光荣，促使自己发奋做更难的工作，以及一种坚定的自信心等等，都可使人养成一种成功的习惯，并使人获得一种满足感。在外人看来，这似乎是一种需要付出非常多的劳动和品尝巨大的艰辛的过程，但是对当事人来说，这实际上却是一场极为有趣的游戏。

白领职场攻略

如果你对某件事情很有信心，你便会努力地去干好它。结果就是你很可能取得成功，你也许马上就能声名远扬，你的名字会出现在各大报纸的头条，你就能住上豪宅。一切要看你努力的方向。相反，如果你对于任何事物——包括你自己在内，都没有坚定的信心，那么你就会随意游荡、漫无目的，最后，你的人生将不得不归于失败。

2. 始终把工作当成是最要紧的事

在观看《潜伏》的时候，我们知道，余则成是一个有着强烈的责任感和坚定的信仰的人。当他来到军统天津站之时，牢牢地将工作任务记在自己的心中，把任务放在第一位，也正是因为如此，他才能在竞争对手如云的军统站立住脚跟，才能顺利地完成组织上交给他的潜伏任务。余则成的这种始终将责任放在心中，将工作当成是最重要的事的精神正是现今我们所处的这个时代所缺乏的。

美国前教育部长威廉·贝内特曾说："工作是我们用生命去做的事。"对于工作，我们又怎能去懈怠它、轻视它、践踏它呢？我们应该怀着感激和敬畏的心情，尽自己最大的努力把工作做到完美。

可惜的是，在现今的职场中，总有些在工作中推三阻四、老是抱怨、寻找种种借口为自己开脱的人；对那些不能最大限度地满足顾客的要求、不想尽力超出客户预期提供服务的人；对那些没有激情、总是推卸责任、不知道自我批评的人；对那些不服从上级指示、不能按时完成自己的本职工作的人；对那些总是挑三拣四、对自己的公司、老板、工作这不满意、那不满意的人，最好的救治良药就是：学习余则成那种始终把工作当成是最紧要的事去做的精神，端正自己的工作态度，按照下面的步骤去做。

1）不要看不起自己的工作

无论你贵为君主还是身为平民，无论你是男还是女，都不要看不起自己的工作。如果你认为自己的劳动是卑贱的，那么你永远也不会从自己的劳动中学到经验和技能，永远也不可能获得事业成功。

伯格和赫尔·凯恩在公司里，学历是最高的，本以为到公司就会受到重用，进入重要岗位。可是安排下来的工作，令他们大失所望，他们仿佛成了杂务工。于是他们便开始私下埋怨。

不同的是，伯格开始厌倦这份工作，常常打电话和留意招聘信息，随时准备跳槽，工作扔到一边，常常缺勤；赫尔·凯恩虽然心里不痛快，却仍然安心工作、任劳任怨，把它作为锻炼自己的机会，相信总有一天会赢得认可。他还深入了解公司情况，加强自己的业务知识，熟悉工作内容。

五个月后，结果可想而知，赫尔·凯恩被调到重要岗位，结束了单调而乏味的工作。而伯格还没另外找到工作，却已经被辞退。

今天，同样还有许多人认为自己所从事的工作是低人一等的。他们身在其中，却无法认识到其价值，只是迫于生活的压力而劳动。他们轻视自己所从事的工作，自然无法投入全部身心。他们在工作中敷衍搪塞、得过且过，并将大部分心思用在如何摆脱现在的工作环境上。这样的人在任何地方都不会有所成就。

所有正当合法的工作都是值得尊敬的。只要你诚实地劳动和创造，没有人能够贬低你的价值，关键在于你如何看待自己的工作。那些只知道要求高薪，却不知道自己应承担责任的人，无论对自己，还是对老板，都是没有价值的。

有一位罗马的演说家曾说："所有手工劳动都是卑贱的职业。"但罗马的衰落已经做出了最有力的反驳。如果一个民族只追求高薪与政府职位，这是非常危险的。它说明这个民族的独立精神已经枯竭。

某些工作也许看起来并不高雅，工作环境也很差，无法得到社会的承认。但是，请不要无视这样一个事实：有用才是伟大的真正尺度。在许多年轻人看来，公务员、银行职员或者大公司管理人员才称得上是绅士，他们甚至愿意等待漫长的时间去谋求一个公务员的职位。但是，花同样的时间他们完全可以通过自身的努力，在现实的工作中找到自己的位置，发挥自己的价值。

那些看不起自己工作的人，实际上是人生的懦夫。与轻松体面的工作相比，商业和服务业需要付出更加艰辛的劳动，需要更实际的能力。当人们害怕接受挑战时，总会找出许多借口，久而久之就变得害怕自己的工作了。这些人在学生时代可能就非常懒散，一旦通过了考试，便将书本抛到一边，以为所有的人生坦途都向他展开了。

有些年轻人用自己的天赋来创造美好的事物，为社会做出了贡献；另外有些人没有生活目标，缩手缩脚，浪费了天生的资质，到了晚年只能苟延残喘。本来可以创造辉煌的人生，结果却与成功失之交臂，不能说不是一种巨大的缺憾。

2）每一件事都值得去做

工作中有许多细微的小事，这往往也是被大家所忽略的地方，有心的员工是不会看不起这些不起眼的小事的。俗话说："大处着眼，小处着手"。学做些小事，在老板看来，也许是填缺补漏，但时间长了，你考虑事情周到、能吃苦、工作扎实的作风就会深深地印在老板心中。所以说，工作中的任何事情都值得我们全神贯注地去做。

作为一个大企业的职员，劳伦斯从事的是企业里最琐碎的一些事情。尽管他的工作小而杂，但他始终保持认真做事的好习惯，重视每一项工作。

> 一天，上司让劳伦斯替自己编一本给总经理前往欧洲用的密码电报书。劳伦斯不像同事那样，随意地编几张纸完事。而是编

成一本小巧的书，用电脑很清楚地打出来，然后又仔细装订好。做好之后，上司便交给了总经理。后来，总经理知道了事情的真相，劳伦斯代替了以前上司的职位。

不要轻视自己所做的每一项工作，即便是最普通的工作，每一件小事都值得你全力以赴，尽职尽责，认真地完成。要知道，每一件小事都可能成为你的机会，因为，小事情里往往蕴藏着大契机。

如果我们只从他人的眼光来看待我们的工作，或者仅用世俗的标准来衡量我们的工作，它或许是毫无生气、单调乏味的，没有任何吸引力和价值可言。但如果你抱着一种使命感的心态和学习的态度，工作就会变得很有意义。

这就好比我们从外面观察一个大教堂的窗户。大教堂的窗户布满了灰尘，非常灰暗，光华已逝，只剩下单调和破败的感觉。但是，一旦我们跨过门槛，走进教堂，立刻就可以看见绚烂的色彩、清晰的线条。阳光穿过窗户在奔腾跳跃，形成了一幅幅美丽的图画。

由此，我们可以知道：人们看待问题的方法是有局限的，我们必须从内部去观察才能看到事物真正的本质。有些工作只从表象上看也许索然无味，一旦深入其中，就可以马上认识到其意义所在。

白领职场攻略

每一件事都值得我们去做，不要小看自己所做的每一件事，即便是最普通的事，也应该全力以赴、尽职尽责地去完成。无论幸运与否，每个人都必须从工作本身去理解工作，将它看作是人生的使命和荣耀。

3. 积极主动去做才能有发展

受组织指派潜伏到军统天津站的余则成，其主要的工作任务就是获取军统天津站的一些机密文件和情报。他要做的事极其机密，几乎可以说，当他奉命来到军统天津站后，所要做的，所要面对的困难，都要他自己去处理。在那个时候，如果他没有一定的积极主动性，恐怕难以真正的完成潜伏的使命，就更别提能在军统天津站生存下去，并做到副站长的位置了。

对余则成来说，这种积极主动性对他的潜伏工作有着极大的帮助。在《潜伏》一剧中，我们可以看到很多很多的事，是余则成在没有接到任何指示的情况下，自己自动自发去做的。而在现今的职场中，一些人却缺乏这种自动自发的工作态度与精神，如果没有老板和上司的吩咐，可能连动都懒得动一下，属于那种按一下"按钮"，才动一动的"电脑"员工。像这样的员工是没有人会欣赏，更没有老板愿意接受的。

柯蒙和王建在同一家公司工作，两个人都同样勤奋地工作，拿着同样的薪水。可不久以后，情况就发生了变化。王建受到老板的重用，担任了更重要的工作，而柯蒙仍在原地踏步。

柯蒙感到非常的失望。终于有一天，他再也忍不下去了，去质问老板："我和王建一样地辛勤工作，为什么他得到提升，而我却没有什么变化呢？"

老板耐心听完了他的怨言，微微地笑着。

"柯蒙，"老板说话了，"你去集市一趟，看看今天早上有什么卖的东西。"

柯蒙从集市上回来向老板汇报说："今早集市上只有一个农民拉了一车萝卜在卖。"

"有多少？"老板问。

柯蒙赶快戴上帽子又跑到集市上，然后回来告诉老板说一共有30袋萝卜。

"价格是多少？"

柯蒙第三次跑到集市上问了价格。

"好吧，"老板对他说，"现在请你坐在椅子上别说话，看看别人怎么说。"

王建很快就从集市上回来了，向老板汇报说，到现在为止只有一个农民在卖萝卜，一共30袋，价格是多少；萝卜质量很不错，他带回来一个让老板看看。这个农民一个钟头以后还会运来几箱土豆，据他看价格非常公道。昨天他们铺子的土豆卖得很快，库存已经不多了。他想这么便宜的产品老板肯定会要进一些的，所以他不仅带回了一个土豆做样品，而且把那个农民也带来了，他现在正在外面等回话呢。

此时老板转向柯蒙，说："现在你知道为什么王建的薪水比你高了吧？"

由此可见，那些认为是"为老板工作"的"电脑"员工，总是消极被动的，除非老板督促甚至监视，否则是不会主动去"为老板工作"的。而那些一心想着"为自己工作"的员工，当他们完成了某一项工作后，并不陶醉于一时的成就，而是马上想一想未来，想一想现在所做的事有没有改进的余地，因为这些都能使他在未来取得更长足的进步。尽管有些问题属于老板考虑的范畴，但是如果员工考虑了，至少说明他正朝老板的位置迈进。

而作为老板，一定希望员工和自己一样，将公司当成自己的事业，更加努力，更加勤奋，更积极主动，而绝不会因为员工工作主动就害怕他有不良企图。因此，以老板的心态对待公司的员工，会成为一个值得信赖的人，一个老板乐于雇用的人，一个可能晋升的人。更重要的是，他能心安理得地领取应得的薪水和奖金，因为他清楚自己已经全力以赴，完成了自己所设定的目标。

白领职场攻略

对身在职场中的我们来说，一定要认识到我们和公司是一个整体，一荣俱荣，一损俱损，大河水涨，小河水才能水满。说到底，工作就是自己的事，对公司负责，也是对自己负责。

4. 不要等上司安排你的工作

在潜伏的过程中，余则成遇到了诸多出乎意料的事。这些事情有的给他的潜伏任务带来威胁，有的虽说没有，但是也给组织上带来一定的损失。余则成不仅积极主动去应对前一种情况，在后一种情况出现时，也能积极应对，而不是等待组织上的指示。其中最为典型的事例是，原军统天津站的陆桥山在被排挤出天津站到南京后，扶摇直上，当上了国防部二厅的巡查员。他回到天津，作威作福，大肆镇压学生，很多人命绝在他的枪口下，天津的地下组织损失惨重，余则成真后悔当时一时心软，只想马上除掉这个祸患。站长和李涯也怕陆桥山反攻倒算，打算主动出击，枪杀学生代表的负责人，嫁祸给陆桥山。陆桥山一时被推到了风口浪尖。从“假夫妻”变成“真爱人”，余则成和翠平都觉得有必要向上级汇报，余则成事事以工作为先却让翠平误会为他不想向上级汇报他们的关系的转变。单纯的翠平毫无恋爱经验，心直口快的她经常会把柔情蜜意的气氛变得尴尬不已，余则成对此十分无奈。站长和李涯的嫁祸不但没有让陆桥山害怕，反而让他变本加厉。为了除掉大肆残害进步分子的陆桥山，余则成和罗掌柜制定了一个周密的暗杀计划，但由于负责狙击的同志来不及赶到天津，狙击陆桥山的任务落到了翠平身上。翠平不辱使命，拿出了打游击时练就的百步穿杨的枪法，不仅干脆利落地解决了陆桥山，还制造出枪击余则成的假象使他不受牵连。

就像著名成功学家拿破仑·希尔说的那样：“主动执行是一种极为难得的美德，它能驱使一个人在不被吩咐应该去做什么事之前，就能主动地去做应该做的事。”他还说：“这个世界愿对一件事情给予大奖，包括金钱与名誉，那就是主动执行。”

确实，在现今的职场中，我们要想取得更好的生存与发展空间，就必须要有着余责成那样的不等上司安排，积极主动去寻找工作的精神。

主动执行，去做老板没有交待的事的员工，是具有主动性的员工。如果只有在老板注意时才有好的表现，那么你永远无法达到成功的顶峰。最严格的表现标准应该是自动自发的，而不是由别人要求的。如果你对自己的期望比老板对你的期望还要高，那么你就无需担心会失去工作。同样，如果你能达到自己设定的最高标准，那么加薪晋职也将指日可待。如果你想加入优秀员工的行列，就必须永远保持主动率先的精神，即使面对缺乏挑战或毫无乐趣的工作，你也要满怀热情地去完成它。

当你养成凡事主动执行的习惯时，你就有可能从普通员工中脱颖而出，受到老板的青睐。

马莉在纽约一家大型建筑公司任预算员，常常要跑工地，看现场，还要为不同的老板修改工程预算方案，工作非常辛苦，报酬也不高，但她仍主动地去做，毫无怨言。

虽然她是预算部惟一一名女性，但她从不因此喊冤叫屈，逃避强体力的工作。该爬楼梯时就爬，该到工地上去查看就毫不迟疑地前往，该去地下车库也是二话不说。她从不感到委屈，反而非常热爱自己的工作。

一天，老板安排她为一名客户做一个预算方案，时间只有两天。这是一件原本难以做好的事情。

接到任务后，马莉就立即开始工作。两天时间里，她跑建材市场，调查各种原材料的价格，又四处查询资料，虚心向前辈或同事请教。

两天后，马莉就把一份完美的预算方案交给了老板，她也因此得到了老板的肯定。因做事积极主动、工作认真，现在马莉已经成为公司预算部门的主管。老板不但提升了她，还将她的薪水翻了两倍。

后来，老板告诉她："我知道给你的时间很紧，但我们必须尽快把预算方案做出来。如果当初你不主动去完成这项工作，我也许会把你辞掉。你表现得非常出色，我最欣赏你这种工作认真、积极主动的人！"

遗憾的是，在公司里，竟然有许多人根本不知道被老板重用是建立在主动执行、自动自发完成工作的基础上的。要知道，如果你不积极主动、尽职尽责地完成你的工作，你在老板心里永远不会占有一席之地。

成功的机会往往隐藏在你主动执行的每一项工作中，谁要是忽视了这一点，谁就永远与“优秀”无缘。只有那些主动做事，主动工作的人才有获得更多好机会的可能。但遗憾的是，意识到这一点的人并不多，大多数人早已养成了拖延懒惰的习惯。只有当你主动、真诚地提供真正有用的服务时，成功才会伴随而来。而每一个雇主也都在寻找能够主动做事的人，并以他们的表现来给予他们相应的回报。

所以，作为一名优秀的员工就要具备这种主动执行的精神，对于上级交待的任务，应立即采取行动，而不是去讨价还价地谈条件，提一些愚蠢的问题。请记住：与其被动地服从，不如主动地去完成。

白领职场攻略

在职场上，那些不等待上司安排工作任务，自动自发的人反应更敏锐、更理智、更能切合实际并掌握问题的症结所在。因为只有抓住了问题的症结所在，并积极主动去解决，才能取得好的业绩。

5. 善于挖掘潜在的职责

就《潜伏》中的余则成来说，他所处的环境和所肩负的责任远比我们所想像的要复杂。当他奉命到军统天津站潜伏，首先要做的就是如何在那个复杂的环境中生存下来，并且立稳脚跟。虽说，军统天津站的站长吴敬中是他的老师，并且当他来到天津站之后，吴敬中有意笼络他，要将他培养成为自己的心腹，但是他所面对的还有原来早就在天津站工作的一些老人，如马奎、陆桥山等。即便是在吴敬中有意要提拔余则成，他也要有一个合适的理由。而怎样才是合适的理由呢？怎样才能做到顺理成章呢？毫无疑问，就是余则成来到军统天津站为这个站所做的工作。在这个情形十分复杂的环境中，在面对副站长这一空缺时，马奎、陆桥山等人虽然也很想拥有这一职位，并且在为之努力，只不过他们为了得到这一职位，采取的却是如何去排挤、打压竞争对手的方式，并不是拿自己的成绩说话。

说白了，马奎与陆桥山他们，为了获取这一职位，做的并不怎么光明正大，甚至有些投机取巧。但是，这样是不是就真的能够实现自我的目标呢？《潜伏》中已经告诉了我们答案，他们的这种方式最终只能毁掉自我的前途，而真正获得这一职位的却是脚踏实地去工作，并且善于挖掘自我潜在职责的余则成。

要想在职场中得以好的发展，我们就必须要表现得比其他的人更为优异，更为主动，善于挖掘出自我的潜在职责，要做的比别人更好，才会有竞争的优势，这就是余则成在《潜伏》中所告诉给我们的。然而令人遗憾的是，现今身在职场中的一部分人，只想从工作中或社会上获得什么东西，却很少去主动付出什么，殊不知，不付出哪能有收获呢？只有在自己的工作岗位上尽职尽责，全心全意把自己的热情奉献给工作，努力挖掘自己的潜在的工作职责，你才能成为一名在职场上有更好发展的员工，才能在工作中有所收获。

有这样一个古老的传说：在最初的时候，上帝创造了贝壳，它们百无聊赖地生活着，每天都无所事事。后来上帝又创造了鹰，它们每天都过着刺激惊险的生活。当上帝在创造人的时候，他给了人类自己选择的机会，他问人类，是想要做贝壳，还是想要做鹰？人类既不想像贝壳一样百无聊赖，又害怕鹰的刺激惊险，但是，却贪图鹰的自由自在。于是上帝为人类选择了一种符合人类要求的动物，那就是——鸭子。

虽说鸭子粗看上去与鹰有点相似的地方，但两者的差别还是十分明显的。鹰能够在高空中尽情地盘旋，而鸭子只能贴着地面飞行。鹰偶尔会仰天长啸，而鸭子却整天呱呱地叫个不停，它们早晨醒来的时候呱呱叫，觅食的时候呱呱叫；高兴的时候呱呱叫，不高兴的时候也呱呱叫；受人欺负的时候呱呱叫，就连欺负别人的时候还是呱呱叫。他们只知道呱呱叫，却根本没有什么实际的行动和效果。

看看下面的这些“鸭子”吧，然后再来反省反省你自己。

在建材市场那几千平方米的大厅里只有一个营业员。营业员总是不停地和一些客户谈论着。如果在这个时候你礼貌地打断他们：“不好意思，请问一下紫红色木头漆在哪里？”

此时，这位“鸭子”烦躁地说：“难道你没有看见我正在跟别人说话吗？这里还有别的客户呢，我又没长两张嘴，一次只能照顾一个顾客。你等一下，别打断我们，轮到你的时候，我自然会叫你过来。呱，呱，呱，……”

在职场中，这样的“鸭子”并不少见。他们有可能是很忙，不过他们的成效却从来不会太高。它们只是喜欢凭着自己的意愿呱呱叫，却根本不在乎客户是否会满意，更忘记了它的目标应该是达成交易。这些“鸭子”们从来不会主动地去为客户着想，他们没有一颗积极进取的心，也正是因为如此，他们常常会令公司失去很多的客户和生意，从而也让他们自己失去了成长和晋升的机会。

曾经有一个人来到华盛顿，他通过打电话预定了一个酒店。在得到确认之后，第二天，他准时来到了这里。当他说明自己已经预定过房间时，前台的小姐告诉他，因为此时是旅游的高峰，酒店已经爆满了，由于过多的人超额预订，所以已经取消了他预订的房间。说完就把这个人撂在一边，理也不理了。这个人再三地询问，前台小姐唯一的答复就是："现在酒店已经住满了。"后来小姐被他问得不耐烦了，便说："你能要我怎么办？难道我施魔法给你变出一间房子来吗？呱，呱，呱，……"

这个人知道他不可能再住这个酒店了，因为他遇到了一只"鸭子"，"鸭子"的做事风格就是：这不可能，我办不到，这也不关我的事，呱，呱，呱，……正在他准备离开的时候，一只"鹰"走了过来，对他说："十分抱歉，先生，我们的酒店现在确实已经住满了。对于取消了您的预订，我代表酒店向您表示歉意。我会尽快地为您想办法解决，为您在附近同样等级的酒店找一间合适的房子，您觉得可以吗？请您先到我们酒店的餐厅去等候一会，我已经为您准备了一份免费的商务套餐，请您先慢慢享用，等我找到房间后，就让服务员带您过去。"

这就是"鹰"的做事风格：他们总是会想办法解决问题，而"鸭子"却除了找借口以外什么都不会做；"鹰"总是会提供出一些建设性的意见，而"鸭子"却没完没了地抱怨个不停；"鹰"勇于承担责任，并且对工作全力以赴，而"鸭子"则只是在等着别人送食物上门；"鹰"发现问题后，会马上予以改进，而"鸭子"却只会挑毛病，不会意识到自己的错误；"鹰"通常都是抱着主动进取的态度对待工作，而"鸭子"往往表现出来的只是消极怠工。

那么，现在你不妨问问自己，在工作中，你是一只"鹰"，还是一只"鸭子"呢？甚至是一只百无聊赖的"贝壳"？

在这点上，有一个优秀的员工曾经有过这样的感慨："从前，我总是认为我所做的工作是低俗不堪的，况且我的收入也比较少，因此，我觉得实在是没有什么地方值得我去为这份工作而努力。我想，我只要完成我的职责，就已经算是对得起公司付给我的薪水了。

“可是后来，我发现自己完全错了。原来这些被我认为是低俗的工作，却潜移默化地给了我许多珍贵的经验和机会，当我发现了这一点时，我不管在什么样的工作中，也不管在哪个档次上，都学到了很多东西。

“我告诉自己，我要在职场上作为一只‘鹰’，我知道，这对于我来说就意味着，我所做的工作应该比明文规定的还要更多一些，因为我还要挖掘出自己潜在的职责，这也应该是每一个员工为了企业的目标尽力而为去做的事情。我知道我的工作应该是遵守职责和公司的规章制度，但是，职责的规定毕竟是有一定局限性的，还有很多的工作职责是无法用条文来规定的，比如如何改进现有的工作方法，如何为客户提供更加优质的服务，如何站在客户的角度上去考虑问题等等。因此，我知道自己如果想要做一只‘鹰’的话，就必须更加关注于企业的发展目标，为企业的利益所考虑，同时也要考虑到顾客的利益。为此，我就必须做更多的工作，把自己的潜能职责尽量地挖掘出来。”

这个教益就是你要对自己的工作负责。你要更上一层楼，对自己的行为切实负起责来。总之，不要仅仅做那些别人告诉你要去做的事情，而是要主动做那些需要做的事情。如果企业需要的话，如果顾客需要的话，你都应该努力去做，发挥你的主动性。你一旦具备了主动精神，你就会发现有许多需要你去做的事情，由此你也获得了比别人更多的增长能力的机会。

一旦获得这个教益，你以前认为低俗的工作就开始变得有意思起来。你越是专注于你的工作，你学到的东西和完成的东西也就越多。

这种经验对你的人生和事业的影响是深远的。你从一个旁观者变成了一个认真负责的人。无论你身处何时何地，你总是努力发现需要做的事。事实上，在各种各样的工作中，你都可以发现超过他人的机会——不仅让你的雇主与众不同，也让你自己出人头地。

我们时代最伟大的企业家安德鲁·卡内基说：“有两种人绝对不会成功：一种是除非别人要他做，否则决不主动做事的人；第二种人则是即使别人要他做，也做不好事的人。那些不需要别人催促，就会主动去做应做的事，而且不会半途而废的人必将成功。”

白领职场攻略

在竞争激烈的职场环境中，每一位员工在每一项工作中都要知道：不要仅仅做那些别人告诉你要去做的事情，而且要主动做那些需要做的事情。你可以使自己的生活好转起来，就从今天开始，就从你现在的工作做起，而不必等到遥远未来的某一天你找到理想的工作再去行动。

6. 主动捍卫集体荣誉，为荣誉而工作

要想真正地做到自动自发地工作，成为积极主动的员工，并且增强自我的竞争力，对现今身在职场中的我们来说，就必须拥有像余则成一样的主动捍卫集体荣誉，为荣誉工作的人。在这儿似乎用不着过多的去叙述《潜伏》的剧情，因为在剧中诸多的事实告诉了我们一切。

现今的企业，确实需要这样的员工，并且在职场中，那些发展的不错的大抵上都是这样的人，因为他们会顾全大局，以公司利益为重，绝不会为个人的私利而损害公司的整体利益，甚至不惜牺牲自己的利益以保全公司整体的利益。他们知道，只有公司强大了，自己才能有更大的发展。

能够维护公司利益的员工都具有强烈的荣誉感。员工是企业的代言人，员工的形象在某种程度上就代表了企业的形象。员工在任何时候都不

能做有损企业形象的事情，这也是一个员工最基本的职业准则。就像你不愿意让别人伤害你的形象一样，你也不容许让别人伤害你自己企业的形象。

有荣誉感的员工，他们会顾全大局，以公司利益为重，绝不会为个人的私利而损害公司的整体利益，甚至不惜牺牲自己的利益。他们知道，只有公司强大了，自己才能有更大的发展。事实上，有这样想法的员工才有可能被真正地委以重任。往往是那些有集体荣誉感的员工，才真正知道自己需要什么，企业需要什么。没有集体荣誉感的员工是不会成为一名优秀员工的，对此我深信不疑。具有集体荣誉意识的人，在任何一个团队中都会受欢迎。

一个年轻人应聘到“安联电工”公司做推销员，由于家境很不好，他很珍惜这次工作机会，对公司很热爱。他每次出差住旅馆的时候，总是在自己的姓名后面加上一个括号，写上“安联电工”四个字，在平时的书信和收据上也这样写，天天如此，年年如此。“安联电工”的签名一直伴随着他，他的这种做法引起了同事们的注意，于是就送了他一个“安联电工”的绰号，而他的真名却渐渐被人们淡忘了。后来，他逐步被提升为组长、部长、副总，直至成了“安联电工”公司的总经理。

如果那个年轻人没有一种以“安联电工”为荣的荣誉感，他能表现得这样尽职尽责吗？成绩可以创造荣誉，荣誉可以让你获得更大的成绩。一个没有荣誉感的员工，能成为一个积极进取、自动自发的员工吗？如果不能认识到荣誉的重要性，不能认识到荣誉对你自己、对你的工作、对你的公司意味着什么，又怎么能为公司争取荣誉、创造荣誉呢？

事实上，只要我们尽职尽责、努力工作，工作同样会赋予我们荣誉。在争取荣誉、创造荣誉、捍卫荣誉、保持荣誉的过程中，我们个人也不知不觉地融入到了集体之中，获得了更好的发展。

商场如战场，企业就如同一个部队。要在商场上取得胜利，要让企业生存下去，就需要每一个员工来捍卫企业的荣誉。每一位将公司的事当作自己的事来做的优秀的员工，他们都是主动捍卫集体荣誉的人。因为他们知道，努力工作，忠诚于企业，在捍卫企业荣誉的同时，也树立起自己的荣誉。他们会受到人们的尊敬，人们会把最高的荣誉给他们。如此一来，他们有怎能不会成为深受职场欢迎的人士，又怎能不会在竞争激烈的市场环境中获得广阔的自我发展空间呢？

有一个关于种花人的故事，它正好说明了这个道理，或许能使人更为深刻地领会到这一点的重要。

有一个人，生下来就双目失明，为了生存，他继承了父亲的职业——种花。

他从来没有看到花是什么样子。别人说花是娇艳而芬芳的，他有空时就用手指尖触摸花朵、感受花朵，或者用鼻尖去嗅花香。他用心灵去感受花朵，用心灵绘出花的美丽。

他对花的热爱超出所有人，每天都定时给花浇水，拔草除虫。在下雨的时候，他宁可淋着，也要给花撑把伞；炎热的夏天，他晒着，却要给花遮阳光；刮风时，他顶着狂风，却要用身体为花遮挡……

不就是花吗，值得这么呵护吗？不就是种花吗，值得那么投入吗？很多人甚至认为他是个疯子。

“我是一个种花的人，我得全身心投入到种花中去，这是种花人的荣誉！”他对不解的人说。

正因为他为了荣誉而种花，他的花比其他所有花农的花都开得好，很受人欢迎。

“我是一个种花的人，我得全身心投入到种花中去，这是种花人的荣誉！”这句质朴的话却不是一般人能够发自内心说出来的，你能不能由衷地说“我是员工啊，我得全身心投入到工作中去，这是员工的荣誉”呢？

其实，荣誉是一个人最宝贵的财富之一。荣誉比黄金更有价值。有一位学者曾经说过：如果你拥有荣誉，你就可以获取你想要的财富；相反，一个拥有财富却失去荣誉的人，不仅不可能再获得财富，连已经获得的也会失去。确实，当你一无所有时，如果你还拥有荣誉，你就还能迎来应有尽有的那一天。因为荣誉是“无形资产”。相反，如果你连荣誉都没有了，你就彻底失败了。看看下面这个故事吧，它能够让你更深刻地领会忠诚、荣誉和金钱的关系。

有一个叫马登的技术开发员，很意外地被要求待岗。待岗比辞退好不到哪里去，只不过每月能够领取一点点象征性的生活费。之前，他一直都拿着较低的薪水，没有什么积蓄，一家人的生活一下陷入了困境。

在他刚失业的几天里，他一连接到三个奇怪电话。电话里的人自称是他原来上班的那家公司的竞争对手，他希望马登为他提供一些马登原公司的机密，作为回报，他可以给马登一份工作，或者给马登十万美元。

第一次接到电话时，马登断然拒绝了。第二次，那个电话将报酬提高到二十万美元，马登还是拒绝了。

“那家公司已经让你待岗了，下一步很可能就是辞退你，你有必要为他们保守机密吗？”电话里的那个人问。

“替公司保守秘密，是我的做人原则，即使我已经离开了这家公司。”马登说。

第三个电话打来时，马登正在四处告贷，以维持家庭开支。而这时，电话里的那个人开的价已高达五十万美元！

马登还是拒绝了。

那个电话再也没有打来，一切似乎都过去了。然而，一个星期后，马登很意外地被通知去上班，老板把代表公司最高荣誉的奖章——忠诚奖章发给了他，同时，老板还给他一份聘书，聘任他为公司技术开发部经理。

原来，那三个电话，都是老板安排人打的，根本不存在什么竞争对手。那不过是一次干部聘任前的一项考察而已。

一点不错，忠诚对身在职场中的我们非常重要，而自动地维护集体的荣誉就是忠诚的一个最好体现，同样它会给我们带来更为广阔的职场发展空间。可以说一个对集体缺乏荣誉感的员工不可能是一个真正忠诚的员工，他也不会在职场受到欢迎。

白领职场攻略

忠诚于自我所服务的企业，其实就是忠诚于自我。

7. 在问题出现时迅速做出反应

在《潜伏》中，无论遇到什么样的情况，余则成都会在第一时间内做出积极的反应，争取在最短时间内解决问题。例如，在吴敬中让他将妻子接过来，还有翠平中了马奎他们预先设计的圈套，在去吴敬中家赴宴时偷取吴敬公文包中的机密文件等。这些事情无一不是突然发生的，而最后都化险为夷，这得归功于余则成在第一时间内做出反应，处理好了问题。

虽说《潜伏》中的余则成所处的环境以及所肩负的任务比较复杂，但同样能给现今身在职场中的我们一个很好的启示：要想将工作做好，得到老板和上司的青睐，并且获得加薪与晋升的机会，就必须杜绝拖延的习惯，在问题出现时迅速做出反应，只有这样工作才能出现好的结果。一些身在职场中得以很好发展的员工，他们大多都有这样的品质，因为他们知道做任何事情都不能拖延，拖延是行动的敌人。克服拖延最好的方法就是行动，只有马上行动，才能打败拖延。

凡是应该做的事，拖延着不立刻做，想留待将来再做的人就是弱者。凡是有力量、有能力的人，总是能在一件事情充满着新鲜及自身洋溢着热情的时候，就立刻迎头去做。

当今世界是一个比赛执行力的世界，是一个执行力决定一切的世界。执行力是企业的生命力，执行力是企业的竞争力。在一个科技发达、资讯畅通的时代，企业进行决策的手段非常之高。在多数情况下，企业都能够做出好的判断，制定出可行的决策。问题的关键是好的决策是否能够得到好的执行。那些既能够制定正确决策又能够准确执行的企业才会成为成功的企业；而那些作风拖沓，对决策敷衍了事、不能执行的企业则会摇摇欲坠，陷入困境。由此可见，执行力在当今时代是企业成功关键中的关键。没有执行力就没有企业的生存和发展；没有执行力，就无法在当今竞争激烈的商业社会立足。

在兴趣浓厚的时候做一件事与在兴趣消失以后做一件事，其间的难易、苦乐真不知相差多少。在兴趣浓厚时，做事是一种喜悦；在兴趣消失后，做事是一种痛苦。

今天的事不做而想留到明天做，在拖延中所耗去的时间、精力，在许多情况下已足够将那件事做好。做以前堆积下来的事，我们会觉得那么不愉快又那么讨厌！

每天都有每天的事。今天的事与昨天的事不同，明天也有明天的事。今天之事应该在今天做完，千万不要拖延到明天！拖延的习惯严重妨碍人们做事。

当初可以很愉快、很容易做好的事，拖延了数日、数星期之后，就会显得讨厌和困难了。接到信件，应该立刻回复，此时也最为容易回复。因此，有的公司就订下了规矩：不准任何来函隔夜才复。

拖延往往会造成悲惨的结局。凯撒因为接到报告没有立刻展读，于是一到议会便丧失了生命；拉尔上校正在玩牌，忽然有人送来一个报告说华盛顿的军队已经挺进拉华威，但他却将来件塞入衣袋中，牌局结束时他才展开那个报告，此时纵然他立刻调集部下、出发应战，但时间已经太迟了，结果全军被俘，而他本人也以身殉职。仅仅几分钟时间的延迟，就使他丧失了尊荣、自由和生命！

应该就医而拖延着不去就医，以致病情恶化，这样的人恐怕为数不少吧！

习惯之中足以误人的莫过于拖延的习惯。世间有许多人都是为此种习惯所累而陷入悲境。拖延的习惯，最能损害和降低人们做事的能力。因此我们应该像避免一种罪恶的引诱一样，极力避免拖延的习惯。

应该将“拖延”当作最可恶的敌人，因为它会窃取人们的时间、品格、能力、财富和自由，使人们成为它的奴隶。

要医治拖延的习惯，惟一的方法就是事务当前，立刻动手去做。

如果对某一件事自己有拖延的倾向，就应该立刻行动起来，不管事情怎样困难，你也应立刻动手去做，不要畏难、不要偷安，这样久而久之，你自然能改掉拖延的坏习惯。

“要做立刻就去做！”这是所有成功者的格言。凡是将这句格言作为座右铭的青年，就永不会有悲惨的结局。

拖延会给我们的工作带来很多反作用。那我们应该如何去克服拖延的习惯呢？下面让我们来看看想要在职场中得以更好发展的员工是用什么方法克服拖延的。下面就是几个很好的方法。

1）建立短期目标

首先选择一项短期目标，为自己订一个十分钟的目标，然后在接下来的十分钟内做一些会让你更接近目标的事情。如果十分钟的目标对你来说太艰巨，那就设立五分钟的目标，并遵循同样的程序。再不然就选择一个一分钟的目标，或者是只牵涉一个动作的目标！像拿起一只笔，再拿出一些纸，然后就开始书写。任何程度的决心都会创造动力，而且一旦你下定决心采取行动时，那股动力便会鞭策你继续前行。

放手去做吧！即时的行动会为你带来成功的动力。

2）建立时间有限的观念

让自己行动的第二个方法就是建立时间有限的观念。市场商人在促销时都会定一个最后期限，来诱发客户立即行动。你也可以这么做，就是为自己设定一个人为的最后期限，想想看你想要完成什么。

你可以想象你只剩一年的生命，说服自己这是真的，将它化做激励你前进的动力。如果没有效果，就把时间缩短至六个月，或者只剩一个月。我们都无法得知什么时候生命会结束，这样的不确定性会让我们以为自己生命相当短暂，而随时保持有限的心态，把握今天，掌握当前，立即行动！

3）固定的行动时间

选定一段固定的行动时间，把每一天或每个星期中的一段时间空下来，或许只是一小时，专注在达成某个目标上，其他什么事都不要做。别让任何人或任何事阻挡你在这段时间达到目标。你将发现这一段时间会帮助你持续迈向目标。

许多有成就的人会在固定的行动时间内专注于特定的目标。一位经理因为没有固定时间审视投资而痛苦。后来他决定每天空出 30 分钟专门做那件事，也就是每个下午从三点钟到三点半钟。没几个月，他投资组合的面值大幅增长。他说每天那 30 分钟的投资是他做过的最成功的投资。不管你的目标是什么，设定一段固定的行动时间将帮助你达成目标。

4）求助

让自己行动的第四个方法就是向你信任的人寻求帮助。而一旦你获得动力之后，请继续向前迈进，或者你还要求某人持续地帮助你，例如要求好朋友每周固定询问你计划的进度，或者也可以要求你爱的人在你开始懈怠的时候温柔地提醒你继续行动。不过请避免与不相干的人过度讨论你的目标。过度讨论目标而不积极追求会动摇你的决心并延缓进度。

每一个富有成效的想法都蕴含可以用来达成目标的精力。成功人士会当场捕捉这样的能量，并加以运用。当某种想法或决定浮现于脑海时，他们会当场做出正面的回应，并且善于利用该项点子中所蕴含的能量。当你想到富有成效的点子时，请把握住那一刻，利用你所感觉到的能量来提升自我，马上朝目标跃进。一旦拖延，那股能量便将永远消逝。

5）利用外在刺激

如果上述四种方法还无法让你行动，那么就试试励志言语的力量吧！言语内含能量，它是我们用来将内心想法转换成具体行动的工具。

执行力对于企业的重要性，我们在前面已进行了详尽的讨论。但我们如何才能让企业的领导、员工具备强劲的执行力，却是一个令很多人难以解决的问题。要拥有强劲的执行力，领导者首先必须是一个实干家，他不仅要善于决策，而且要善于带头行动并监督决策的执行。他必须用强硬的策略或手段把他的下层引领到实施决策的行列中，让他们尽快行动。

白领职场攻略

凡是应该做的事，拖延着不立刻做，想留待将来再做的人就是弱者。凡是有力量、有能力的人，总是能够在一件事情充满着新鲜及自身洋溢着热情的时候，就立刻迎头去做。

DI LÜ ZHANG

第六章

无论如何都要完成自我的使命

——看《潜伏》学完成任务的决心

在职场中面对自己的工作，只有想办法完成才能获得晋升的机会。余则成之所以被军统重用就在于他接受了任务后，都会想尽办法去完成，而不是因为有困难而无限期拖延。我们要向余则成学习的就是这种精神，因为在现今竞争激烈的职场中，我们是否能够得到很好的发展，工作态度固然重要，但是更重要的是我们做了些什么。

1. 做比什么都重要

如果将《潜伏》中余则成所处的环境，换成是现今的职场的话，余则成绝对是一个具有超强执行力，深受老板和上司喜爱的员工，他同样是拥有着良好的职场发展前景的员工。因为在他的身上有着现今职场中许多的员工所缺乏的那种立刻去做的精神。他们在很多的时候，更多地是想到了自己的付出是不是会得到应有的回报。而他们却没有想到，做完一项任务的真正的报酬，就是把它做出来，这是最重要的。没有哪一项任务比尽力而为更能使一个人满足。

一个人想要抓住机会，就必须积极地去努力奋斗。成功者身上共有的一种特质就是他们从来不等待、不拖延，他们从不会等到“有朝一日”再去行动，而是今天马上就动手去做。他们每天都会忙忙碌碌地去做事情，经历了不断的努力和失败，最终才会获得成功。要知道，机会绝不会从天而降，任何机会都是需要自己去争取、自己去创造的。守株待免的结果永远只能有一只兔子，但是如果你肯积极地去行动，那么你就会获得成百上千只兔子。换句话说，即便有一天机会真的从天而降了，可是你却一动不动，那么机会怎么可能还会留在你身边呢？

因此，你要记住，做比什么都重要。马上行动，专注于自己的目标，心无旁骛地前进，这才是想要在职场中得以更好发展的员工应该必备的一种品质。

有一个人对创作有很大的野心，他总是期望自己能够成为大文豪。可是这个美梦一直都没有成真。多年后，他说："每天我都是满怀雄心的，可是眼看着时间一天天地过去，我却仍然不敢轻易下笔。"

另一个人也有着同样的抱负，他的做法与前一个人就有着很大的差别。他说："我每天都把重点放在如何发挥我的才智上。就算在没有一点灵感的时候，我也会坐在书桌前奋笔疾书，不管写出的文字是如何的杂乱无章，我都丝毫不介意，因为我知道，只要手动就能带动心动，这会让我慢慢地将文思引导出来。"

在西方，也流传着这样一个故事：

多年前，有一位国王将他的一群聪明的臣子召集到大殿上，交给他们一个任务："你们要集体编著一本各时代的智慧录，这也是为子孙后代造福。"这些聪明的臣子开始着手去做，过了一段很长的时间后，他们终于完成了一本皇皇十二卷的巨作。当国王看过以后，他说："我相信这已经是各个时代的智慧结晶，然而问题是，它太厚了，我怕人们没有耐心去读完它，所以，把它浓缩一下吧。"这些臣子又经过了长期的努力，几经删减之后，将它编成了一卷书。可是国王还是认为太长了，又要求他们再进行浓缩。后来，这些人把一卷书浓缩为一章，而后又浓缩为一页，然后减为一段。最后，所有的智慧仅仅变为了一句话。当老国王看到这句话后，得意极了。他说："这才真正体现了各时代智慧的结晶，并且我相信每一个人一旦懂得了这个真理，那么大部分的问题就都可能会解决了。"

最后的这句话就是——天下没有白吃的午餐。

这就是要让我们知道，只有行动才能够产生结果，行动才是取得成功的保证。不论你的目标和计划有多伟大，最终你也必须将它落实到行动上，这才是最重要的。

职场上的竞争，完全可以看成是一场赛车比赛。当你有了良好的心态和明确的目标后，就像是你的赛车已经被加满了油一样。可是仅仅这样还是不够的，如果你想要抵达目的地，就必须得把这部车开动起来，并保持足够的马力，在这里，自然也就离不开你的行动力了。

白领职场攻略

如果你想要成为一名在职场中具有竞争力的员工，那么就马上去行动吧！你要知道，要获得成功的秘诀就是行动！这无疑是一句极其有用的自我激励的座右铭。它将促使你自觉地立即行动。

2. 要有面对一切困难的勇气

任何一件事，只有做好它，才能带来实际的效应，而要想做好它，必定会遇到一些困难和阻扰。如果，在这个时候，我们没有面对这些困难的勇气，要想将事情做好几乎是不可能的。《潜伏》中的余则成，不管是在盗取“佛龛”的资料，还是面对其他的情况时，如果缺乏这种面对困难的勇气，是难以真正的完成自己的使命的。而身在职场中的一些拥有很好发展的职员，他们也都像余则成那样，从来不会被困难所吓倒，他们在面对困难危险的时候，并不是顺应自己内心的怯弱，而是鼓起勇气抵制它并做出与之相反的行为。勇气是一种超越的姿态。没有任何人的内心是什么都不担心、什么都不害怕的，一切评判都将通过你的行动找到答案。

大家一定都很熟悉安德鲁·罗文这个名字，就是送信给加西亚的那个人，也是西点的毕业生。当年在一个简陋的屋子里，总统麦金莱对他说：“年轻人，我选派你去完成一项神圣的使命——把信送给加西亚将军。他可能在古巴东部的一个地方等你。你必须把情报安全如期地送达，这事关美利坚合众国的利益。”当他静静地从总统手中接过那封信的时候，他知道，一个军人生命里最危险的经历开始了。

当他坐上船去牙买加的时候，几乎不和其他的乘客说话，于是，人们给他起了一个善意的绰号——“冷漠的人”。后来，当轮船进入古巴海域的时候，还好在这之前战争并没有爆发，否则他一定会被逮捕。一路上，他始终是缄默不语，因为周围一切都处在沉默之中。他曾经被蒙面人拦截，曾经被海浪拍得摇摇晃晃，曾经与荷枪实弹的西班牙驱逐舰擦肩而过，曾经在西班牙的大屠杀下冒险溜走，他险些与西班牙的骑兵相遇，更是受到过西班牙逃兵的威胁。但是，所有的这些危险从来都没有使罗文的决心动摇过，从来没有阻止他执行任务的脚步。当时，为了国家的利益，为了军人的荣誉，他做到了义无反顾！在他心中，只有一个信念：坚持，一定要把信送给加西亚！那个时候，难道没有害怕过吗？这自然是不可能的。但是他始终没有放弃，没有屈服，更没有退缩，这是需要何等的智慧和勇气啊！在应对困难的时候，罗文是坚强的，更是不屈不挠的。

余则成所处的谍战环境，以及上面故事中战场上的情形的确是险象环生，其实职场上同样也是荆棘满地的。因此，我们每一个身在职场的员工，都必须学会去应对危险和困境。在困难来临的时候，每个人选择的方式都可能会有所不同，有的人会选择逃避，有的人会选择后退，有的人则选择迎难而上，有的人却是三思而后行。不过，不论有多少种方式，实际上最终的选择都会体现在两点上：是抗争还是屈服？而对于员工来说的话，那就是：是执行还是放弃？当遇到这样的问题时，你不妨问问自己：你是一个有智慧的人吗？你有恒心和毅力吗？你有坚定的信念吗？你有非凡的胆识吗？如果你自认为是这样，或者是你应该成为这样的人的话，你选择的道路就应该是执行，而不是逃避或放弃。

如果你是一个充满智慧的人，那么你就是一个懂得思考的人。在面对困难的时候，你应该以最佳的状态、在最合适的时间、到最合适的地点去执行你的任务。比如说你的老板要委派你去谈一份合同，你就首先要考虑与你谈判的人是何种性格的人。若对方是个性格率直的人，你就必须与他直来直去；若对方是个性情温和的人，你就应该与他先搞好关系。在出发前，你还要考虑好在整个事情的发展过程中可能出现的情况，哪些是对你有利的，而哪些是对你不利的，一旦遇到情况的话，你应该如何去处理。而在谈判的过程中，也不要轻易地放过每一个细节，你的头脑应该时刻保持清醒。总之，你要用自己的智慧去使对方折服，即使在谈判过程中出现了障碍，你也要尽力去化解，这样，你最终还是会圆满地完成任务的。

你还必须有着坚定的信念。信念是一种来自内心的力量，它会永远站在高处，注视着你，引导着你，并且激励着你。信念不但能够造就永恒的财富，还能造就美好的生活。曾经有这样一个故事。

在20世纪初的时候，有一个青年在一家木材公司工作。过了没多久，他凭借着优秀的工作业绩被派往菲律宾半岛，接管那里的分公司。当时他是乘坐着轮船驶入印度洋的，夜晚的景色实在是美极了，海天一色，繁星点点。他正站在甲板上欣赏着这美丽的景色，突然听到船舱里一阵骚动，于是他跑进去一看，才发现原来是船舱进水了！当时根本不知道是什么原因引起的这次事故，但可以确定的是，水还在一点点地渗进船舱，若是不马上采取行动的话，那么船上所有的人都将面临着生命危险。面对着这突如其来的危险，所有的人都感到惶恐不安，孩子的哭声、大人们的诅咒声响在了空旷无际的海面上。更可怕的是此时居然连求救信号都发不出去，船上也是一只救生艇都没有！船长在办公室里召集了工作人员开会，可是所有的人都唉声叹气、一筹莫展，因为没有一个人知道该怎么办！这个青年也十分着急，他想，自己不能死，公司还有一大堆的事情等着他去处理，如果自己死了，公司即使再派其他人去，时间也来不及了。因此，当时他的头脑中只有一个信念：一定要活下来，到菲律宾去！他让自己镇定下来，然后要求船长让大家也安静下来，然后他对大家说："我有办法，现在，所有的人马上按照我说的去做！"于是，船上的人在他的指挥下，扔掉了所有能扔的东西，然后用工具淘水，一拨人累了就换另一拨人继续淘，当人们已经接近筋疲力尽的时候，他不停地冲着大家喊：坚持住！我们离印度的海岸越来越近了，一定要坚持住！最后，奇迹出现了，在天亮的时候，他们的船到达了印度半岛，所有的人也都安然无恙。他顺利地到达了菲律宾，后来，他成了著名的木材经营大王。

在这个故事中，是什么支撑他到达海岸呢？显而易见，那就是信念。因此，当你工作的过程中遇到挫折时，千万不要放弃，只要心中保留着坚决完成任务的信念，那么一切恐惧和不安自然就不会将你打垮，而当你开始行动起来的时候，你就离成功不远了。

应对困难还需要你具备持久的恒心，这就是坚持的重要性。你必须时时刻刻都在行动！假如说你现在所在公司的运作有些不正常，股票价格也在市场上连续跌落，那么在这个时候，你是否有坚持到底的那份勇气呢？你要知道，危机总是会过去的，如果你能够坚持到最后，你必然就是最值得信赖的人！再比如说老板交给了你一项任务，而你却从来没有做过这方面的事，这个时候，千万不要轻易地对老板说："请您将工作交给别人吧，我没有做过。"为什么不去试一下呢？也许事情简单得很，你只要去找寻一下相关的资料，或是找到要与你打交道的人交流一下，也许你就能够将这份工作完成得很出色。记住，只要你肯坚持下来，就有可能会获得意想不到的收获！当然，还可能会出现这样的情况，你用了很长的时间去做一件事，但却一点眉目都没有，那么这个时候，你也不能放弃，坚持下来，说不定在下一分钟就会出现转机。总而言之，不论遇到什么样的困难，只要你能够有坚持下来的恒心，那么你就有成功的希望。

你还要成为一个有毅力的人，抵住各种各样的压力。不管遭遇什么问题，都先坦然地去接受它吧，然后在适当的时候给予回应。或许在一段时间里，你的妻子每天都在与你吵架，儿子无心学习，同时你在工作中也遇到了难题，老板越来越不器重你，此时，你的确是十分痛苦的，但是你必须要让自己平静下来，试着去解决所有的矛盾。与妻子长谈一次，抽空给儿子补补课，让你的销售额比上个月提升30%。如果你能够抵住各方面的压力，那么就没有什么可以再难倒你了，不是吗？

而最重要的一点就是，你必须具备应对困难的勇气。身处复杂的职场之中，面对着无数棘手的问题，你有没有勇气去解决它们呢？勇气是对信心的一种考验。如果你能够有足够的自信，那就一定会有勇气去接受一个工作任务，然后再把这项任务不折不扣地完成。勇气是值得赞赏的，任何一个有勇气、有胆识的人都是值得钦佩的。当你在工作中遇到困难的时候，只有敢于面对、敢于接纳，你才能够冷静地去处理和解决。你要知道，在竞争激烈的职场中，是没有任何一个老板会对一个胆小怕事的人委以重任的。而作为员工，你就必须具备这样的勇气。你还要有面对自己过错的勇气，当然这不是在向自己认输，而恰恰是在反省自己，在为不向别人屈服做着必要的准备。美国房地产商柯蒙逊曾经这样说过："我希望有敌手的存在，我愿意同他们战斗，并且我非常喜欢将他们打翻在地。"我们每个人不都需要这样的勇气吗？这才是所谓的勇者不惧。

而勇气是勇敢的品质的一个外露，勇敢并不是就意味着天不怕地不怕，勇敢也不是挂在嘴边的口号。勇敢是一种行动，在面对困难危险的时候，不是顺应自己内心的怯弱，而是抵制它并做出与之相反的行为。勇敢是一种超越的姿态。没有任何人的内心是什么都不担心、什么都不害怕的，一切评判都将通过你的行动找到答案。如果面对任何坎坷和困难，你不去努力逾越而是轻言放弃，那么这就是一种懦夫行为。

如果你的老板将工作分配给你，那是他对你的信任。就算这个任务看似很难完成，你也不要拒绝它或者是半途而废，你一定要去执行它！或许你会遇到很多麻烦，甚至是发生一些意想不到的事情，但是你也必须要想办法去克服掉，赢取最终的胜利。罗斯福总统曾授命戈瑟尔斯接管巴拿马运河的工程，当时他对戈瑟尔斯说："我需要的人，应是能够坚守岗位，直到我觉得厌烦，或是直到我说可以放弃为止。"这在任何一家公司都是一样的，老板一定乐于把任务交给那些敢想敢做、不屈不挠并且勇往直前的人。这样的人，不但能够受到上司的器重、同事的钦佩，并且还会为自己赢得物质上和荣誉上的丰厚回报。如果你在工作中遇到困难就退缩，那么就永远不会体味到战胜困难的喜悦，也永远不会知道什么是真正的成功。每一个人的内心都是渴望成功的，那么，如果你想要得到上司的器重，想要得到同事们的认同的话，就付出行动，把你的渴望变成现实吧！

白领职场攻略

一个真正具有竞争力，在职场中拥有很好发展的员工可以被打倒，但是不能被击败。这就是成功的法则。

3. 走出自我设置的陷阱

只有顺利地完成任务，才能算是将工作做好。然而，令人感到不解的是，在很多的时候，我们在开始执行之前，想的并不是自己将如何去完成这一任务，而过多地考虑到自己是不是能将这一任务完成，如果没有完成的话自己会……这样的事情想得太多了，无疑是难以将工作做好的，同样这些也是我们自己想象的，给自己所设置的陷阱。

当我们在接到任何一项任务时，所要做的就是尽力将它做好，而不是在还没开始做之前就考虑到那些因素。在《潜伏》中，余则成要做的每一件任务都是相当危险和艰苦的。如果在那个时候，余则成所想的并不是怎么去完成任务，而是所遇到的困难和阻扰的话，恐怕就无法顺利完成任务，也不可能在军统天津站立住脚跟。

即便是再有难度的工作，我们要想的也必须是将它完成，这才是我们在职场中获胜的根本，然而，一些现今身在职场中的人，他们可能会说：我知道业绩的重要性，也知道只有企业成功，个人才能获得发展，可是……他们总会说出许多理由。难道为企业创造业绩真的就那样难吗？其实，我们没有创造出更加优异的业绩，并不是因为我们没有能力，而是在于我们没有强烈的求胜欲望，缺乏信心，认为自己不能罢了。我们不是不能创造出更好的业绩，而是我们自身限制了自我能力的发挥，只要我们走出这种自我设置的陷阱，才能为企业创造更多的业绩。那么怎样突破这种自我设限呢？

首先，要激发强烈的求胜欲望。

在这儿，我们一定要问自己一个问题：我们是想为企业创造出更好的业绩，还是一定要为企业创造出更好的业绩？在很多时候，决定我们能否创造出更佳业绩的原因就在于此。确实，很多员工都想为企业创造更好的业绩，但是他们只是想想而已，并不是一定要。

要做好任何一件事情都不是容易的，必定会遇到一些困难和阻挡。有时候成功与困难是成正比的。如果我们只是想把事情做好，则当遇到挫折后便会自动降低原来的高要求，甚至会放弃，因为所谓的想是不确定的，有一定的活动余地。

倘若把“想”换成“一定”，就给自己确定了一个确切的目标。如此一来，我们便有了一个明确的方向和目标，并且因为是“一定”，所表现出来的追求是炽热的，就可以克服一切的阻碍和困难，从而走向成功。

我们一定要认识到这一点，因为企业的生存和发展是建立在获利的基础上的，而我们的发展同样是建立在企业得到很好发展的前提上的。当我们慢慢地将这一观念潜移默化地溶入到自己的思想理念中后，就像在心中燃起一团熊熊的求胜火焰。当这种火焰越来越旺时，它会给我们带来无穷的动力。

其次，要对自己充满自信。

有时候我们不能创造出更好的业绩，还有另外一个原因，就是我们害怕失败，认为自己没有能力去战胜出现的困难。其实，我们完全不要对所出现的困难产生恐惧感。

在这个世界上没有解决不了的问题，同样没有不能克服的困难。困难并不可怕，可怕的是我们没有克服困难的信心。一旦我们丧失了克服困难的信心，困难反而会变得越发难以解决。就像古罗马哲学家塞涅卡所说：缺乏信心并不是因为出现了困难，而出现困难倒是因为缺乏信心。

在福特汽车公司工作已32年、当了8年总经理、一帆风顺的艾柯卡突然间被妒火中烧的大领导查尔斯·福特开除而失业了。艾柯卡痛不欲生，他开始酗酒，对自己失去了信心，认为自己要彻底崩溃了。就在这时，艾柯卡接受了一个新挑战：应聘到濒临破产的克莱斯勒汽车公司出任总经理。凭着智慧、胆识和魄力，艾柯卡大刀阔斧地对克莱斯勒公司进行了整顿、改革，并向政府求援，他舌战国会议员，取得了巨额贷款，得到了重振企业的机会。

在艾柯卡的领导下，克莱斯勒公司在最黑暗的日子里推出了K型车的计划。此计划的成功令克莱斯勒起死回生，成为仅次于通用汽车公司、福特汽车公司的第三大汽车公司。终于有一天，艾柯卡把面额高达8．13亿美元的支票交到银行代表手里，至此，克莱斯勒还清了所有债务。事后，艾柯卡深有感触地说："奋力向前，哪怕时运不济；永不绝望，哪怕天崩地裂。"

始终牢记自己的责任和使命所在，相信自己能够为企业带来更多的经济效益，并且积极行动起来。当你正确认识到自己与企业之间的关系，在责任和使命的驱动下，燃起炽热的求胜火焰，所有的困难都将不会成为困难，我们的业绩将会因此而提升！

白领职场攻略

始终牢记自己的责任和使命所在。相信自己能够为企业带来更多的经济效益，燃烧起炽热的求胜火焰，所有的困难都将不会成为困难。

4. 勤于思考，做事动手更要用脑

如何才能在军统天津站立住脚跟，是余则成到军统天津站首先所要解决的问题。怎么去做呢？他所面临的环境是极其复杂的，复杂得几乎都出乎意料之外，明处暗处的危险和阻扰几乎处处皆是。在这个时候，只是凭借着激情不但不能很好的完成任务，还有可能使得自己深陷泥潭。在剧中很多的事情，都是因为他在面对那些事情的时候，不仅仅动手去做，并且还积极思考才顺利完成的。例如，余则成从廖三民那儿了解到，掌握天津城防布控图纸的钱斌即将去南京述职。钱斌一走，关键的情报就会流失，情急之下，惟有让他“走不了”。余则成打探到，钱斌常年患有哮喘病，他把哮喘病人禁忌的药物下到了钱斌最喜欢喝的红酒里……一切如计划进行，钱斌住院了。痊愈的钱斌本来应该被送到北平，负责转移他的余则成把他送出了城，迎接他们的当然是根据地的同志，钱斌顿时傻了眼。剧中类似这样的事情有很多很多。

艾森豪威尔曾说过：“只知道往前冲的不是一名好军人，最起码不是一名好军官。”这句话点出了思考的重要性。现代社会竞争激烈，光靠蛮力，没有智慧的人是无法胜出的。思考可以决定一个人的命运，一个成功的人肯定是一个善于思考的人。

老张的酒吧终于开张了，生意特别红火。老张高兴地不停招呼，忙得不亦乐乎。不久，他绞尽脑汁地想出了要开几家分店，把生意做大的好主意。

一天，游乐场的场主老胡从从容容地前来拜访老张。

“老张，我工作累了，出来和你聊聊，你有没有时间啊？”老胡轻松愉快地问。

老张又好气又好笑，边团团转地忙碌着，边回答说：“我现在忙得连思考的时间都没有了。你没有看到我正忙着开几家酒吧吗？我至少也要忙完这个周末！”

“你这不是还在忙着开几家分店吗？我看你不仅有时间，而且时间多得很，你只是没有想问题的时间罢了。”

老张听后看看自己，觉得自己就像一只无头苍蝇在不停地旋转，而老胡在说笑的功夫想出了在老张的酒吧旁开一家游乐分场的好主意。

千万别像老张一样，整日忙得团团转，甚至连思考的时间都没有。并不是工作时间越多，你的效率就越高，你获得的利益就越大。在工作和忙碌的同时，你更需要休息，在忙碌中安排思考的时间。记住：别忙得连思考的时间都没有。

智慧是制胜的法宝，而头脑是智慧的源泉。善于思考，从思考中获得智慧，然后巧妙地取胜，这才是真正的强者。

弗雷德正准备找一份工作。在一份报纸上，他终于找到了一份很适合他的工作。报纸上的招聘启事要求面试人员9点到达，弗雷德提前20分钟就到了那儿。可他看到已有32个男孩排在那里，他只是队伍中的第33名。

怎样才能引起特别注意而成功得到这个梦寐以求的职位呢？弗雷德开动脑筋，认真地思考着。弗雷德相信，只要肯想，办法一定会有的。他终于想出了一个可行的办法。他拿出一张纸，在上面写了一些东西，然后折得整整齐齐，走向秘书小姐，恭敬地对她说："小姐，请你马上把这张纸条转交给你的老板，这非常重要。"

这位秘书小姐对弗雷德的意外举动感到非常好奇，她抬起头来，仔细地看了一眼这个男孩，发现他散发出一种自信的气质。于是，她把纸条收下了。然后，她立刻站起来，走进老板的办公室，把纸条放在老板的桌子上。老板打开纸条后，看到纸条上写着：

"先生，我排在队伍中第33位，在你没有看到我之前，请不要做决定。"

正是思考的力量使一个本来处于劣势的人，获得了转机。正确的思考可以决定一个人应该采取什么样的行动。

白领职场攻略

那些在职场上，深受老板和上司喜爱的员工，他们知道任何一个有意义的构想和计划都是出自于思考，一个不善于动脑思考，只会动手做事的人，会遇到许多取舍不定的问题，是不能将工作做得很好的。

5. 动脑找到正确的方法完成任务

对任何的一件事，只有将它做好，才能真正取得应有的成绩，才能证明自我能力和实现自我的价值。而如何才能做到这一点呢？这就要向上一小节所说的那样，要做好一件事，不仅仅要动手还要动脑，找出做事的正确方法来。在《潜伏》剧中，跟余则成形成鲜明对比的就是组织上给他派来协助他工作的翠平。翠平就是一个在工作中缺乏思考，并且不懂得寻找正确方法的人，以至于，在很多的时候，在好心好意地去做一些事时，不仅没能将事情做好，还遗留下来许多的麻烦。

现今职场中，有许多翠平一样的职员，他们确实知道要为企业创造出更好的业绩，但是只有强烈的愿望，而缺乏一定的方法和技巧，也是不能创造出好的业绩的。一位科学家曾对各行各业的1500名优秀员工进行研究。他发现这些优秀员工不但各有特长，而且有一些共性，例如正确的做事方法。这是决定他们成功的关键因素之一。

卡耐基曾说过："在很多时候，我们去做一件事情，决定成败的因素，并不在于我们投入的多少，而是在于我们有没有寻找到一个正确、合适的方法。"

以下就是几点可以提高工作效率和办事效率的工作方法，希望能对你以后的工作有所帮助。

1）事前进行理智的思考

理智的思维活动能够锻炼我们实际的应变能力，让我们少走弯路，减少失败的几率，从而有效地提高我们的办事效率和工作效率。

大多数成功者在他们处理困难的或者重要的事情之前，都要在脑子里把这件事过上几遍。著名的高尔夫球选手尼古拉斯在击球之前总要在脑子里设想一下击出的球的轨迹、球的落点、击球的力度，然后才动手。

2）妥善安排日常生活

我们常听人说，在事业上有巨大成就的人肯定是样样都好的完人。这些人干劲十足，总是要把工作带回家去，一直干到深夜。事实并非如此。那些真正的成功者虽然乐于勤奋工作，但是都有一定的限度。对于他们来说，工作不等于一切。这些人懂得如何放松，他们能够把工作留在办公室里做；他们珍视友谊和家庭生活，能够留出相当多的时间与自己的子女和友人在一起。

3）敢于打破陈规旧律

许多人自认为了解自己能力的限度，但是，我们所“了解”的许多东西往往是不符合实际的，甚至是荒谬的，是自我禁锢的信条。其实“自我禁锢的信条是事业成功的最大障碍。”

一个长期习惯于按“一定之规”考虑问题、很少进行创新思考的人，久而久之，往往会把很多本来大不相同的问题，因为它们之间具有某些相似之处，而看成是同一类问题，用相同的办法去解决。这样，自然就会白白浪费时间和精力。可见，发挥创新思维，突破陈规，可以最大限度地发挥自己的积极性，从而提高工作效率和办事效率。

许多年来，几乎所有人都认为人不可能在不到4分钟的时间里跑完1公里。甚至在生理学杂志上发表的文章也曾郑重其事地“证明”：人体不能承受如此重负。然而，在1954年，罗格·巴尼斯特以自己的实际行动冲破了这个禁区。在后来的两年中，又有另外10名运动员相继冲破这个禁区。这说明，现实中许多人对自己的认识远远低于自己的实际能力。

4）自信而又不排他

成功者更注意的是如何在原来的基础上不断改进自己的工作，而不是醉心于如何打败竞争者。如果为竞争对手的能力或优势过分忧虑，就会不击自溃。

5）不追求十全十美

许多雄心勃勃、努力工作的人，往往事无巨细，醉心于完美，最后落个事倍功半。有一位女教授花了10年时间研究一位剧作家。她心里总是怕不全面，遗漏了什么，最后，当她犹豫拖沓地把研究成果拿出来的时候，这位剧作家已名声大减，没有什么研究价值了。追求完美是目标，但必须适度，尽心尽力就可以了。许多事物本身发展变化的速度相当快，所以追求完美要适可而止，不要在没必要的细节上浪费太多时间和精力。

白领职场攻略

正确的做事方法对提升我们的业绩很重要，方法对了，事半功倍，否则会事倍功半，甚至徒劳无功。因此，找到正确的做事方法是提升我们业绩，让我们成为一名优秀员工的关键。

6. 不达目的绝不罢休

对余则成来说，在执行任务时，所遇到的困难和问题在有些时候看起来是难以处理好的，有的看起来几乎是不可能完成的任务，但是他最终还是顺利地完成了。这其中的原因除了责任心、有勇气、善于动脑和超强的执行力外，还在于他有一种不达目的绝不罢休的精神。不管他所面临的事情有多么的困难，他都会想办法去完成自己的任务。例如在剧中，当他发现行动组的组长马奎怀疑到他和翠平的身份后，就巧妙设计让马奎掉进自己所设计的陷阱之中。照理来说，他要做到这一点有一定的困难，需要花费很长的时间和精力的，但是他最终还是做到了。他必须要做到这一点，否则的话后果不堪设想。他一定要除掉马奎，不管想什么办法都要做到这一点。正是在这种想法的催动下，他开始注意到了马奎，并且利用外界的一些因素给马奎设了一个套子，让马奎钻进去了。

从余则成的一些事情来看，身在职场中的我们，要想很好地做好一件事，就必须要拥有余则成这种不达目的不罢休的劲儿。

如果你打算成功，就要抱定坚持不懈的决心，不断地鼓足热情和勇气告诉自己“再来一次”。这就是老话所说的“失败是成功之母”。

任何事情都是如此，越是困难，就越是要坚持不懈。其实，成功就在于比别人多坚持一会儿。在一切正常的情况下，大多数人都能够坚持下来，而在困境中，成功的人和失败的人表现出极大的差别。大多数人在面对困难时会很容易放弃自己的目标，而成功者却在困境中依然坚持自己的目标，他们大多数成就都是在困境中取得的。

一些年轻人去拜访古希腊伟大的哲学家苏格拉底，询问怎样才能拥有他那般博大精深的学问和智慧。苏格拉底没有正面回答，但他告诉大家，你们先回去，每天坚持做一百个俯卧撑，一个月后再说。这些年轻人都笑了，这还不简单吗？一个月后，这些年轻人又一起来到苏格拉底面前，苏格拉底询问有多少人做到了每天做一百个俯卧撑，有一大半的年轻人说做到了。好，再这样做过一个月再说。一个月后就只有不到一半的年轻人做到了。如此，一年后，苏格拉底问大家：“请告诉我，这个简单的动作，有哪位一直做到了？”这时，只有一个人回答自己做到了。这个人就是柏拉图，许多年后，他成为古希腊最著名的哲学家。

坚持不懈地付出努力，是取得成功的不二法门。美国销售员协会曾经做过一个调查研究，结果表明：48%的推销员找过一个人之后，就不干了。25%的推销员找过两个人之后，就不干了。12%的推销员找过三个人之后，继续干下去，80%的生意就是这些推销员做成的。

白领职场攻略

美国第六任总统亚伯拉罕·林肯先生有一句名言：想成功就要屡遭挫折而不气馁。在逆境中成长的能力决定了一个人成就的大小。

7. 不断学习弥补自我的不足

在《潜伏》一剧中，翠平就是一个不断学习弥补自我不足的典型。在她刚进城时，大字都不识一个，对自己所要做的工作总是闹情绪。到后来意识到了自己工作的重要性之后，她的态度就立刻发生转变，不仅在余则成的帮助下，学会了识字，还跟站长太太学着打麻将，跟晚秋学买料子扮时尚。原本被情报站女眷们排挤的她很快和大家打成一片，甚至帮着吃醋的站长太太去马奎太太家打闹。结果翠平及时得知了情报站要抓捕左蓝的行动，并用麻将牌“红中”暗中为余则成通风报信。

“适者生存”是一个千古不变的真理，在这个变化迅捷的社会环境中，对于企业和个人来说只有跟得上时代的脚步才能获得成功。优秀而卓越的员工深刻地意识到了这一点，既为了使自己获取更好的生存和发展，也为了企业的命运，他们会自动自发地给自己提出了要求：随时随地地学习。

现在身为某公司网络部的主管的小楷，在刚刚进这家公司的时候，是一名普通的员工，不要说对网络不熟悉，就连简单的计算机操作都不知道。然而，当他偶然接触到计算机网络的时候，便发现到如果不懂操作，便很难在这个世界获取更好的生存和发展的机会。于是，他便利用业余时间报名参加一些计算机培训班，过了一段时间后计算机技术得到了提高。

一次偶然的机会，公司网络出现了一些问题，正当大家束手无策的时候，小楷站了出来，熟练地解决了存在的问题。正是因为这件事情，小楷引起了公司领导的注意，提高了自己职业生涯的含金量。

从小楷身上，我们可以看到在变化迅猛的社会中，只有保持不断学习的精神，才能为自我获得更好的生存发展空间，才能立足于这个社会。可惜的是，有不少人并没有意识到这一点，认为现在自己具有的本领和知识已经足够了，并不需要去学习。

是的，或许现在你所拥有的知识和技能能让你应付工作中出现的问题，能够将工作做好。但是，你难道没有考虑到在日新月异的高速变化社会中，说不准儿哪一天便会冲击到你所在的行业，使得你原本拥有的知识和技能完全派不上用场吗？难道非要到那个时候，你才会意识到学习吗？在那个时候，你是不是觉得晚了一点呢？

卓越的员工知道：他们只有不断地学习，才能够适应社会的发展，才不至于被社会、被企业所淘汰，他们不但去参加专门开设的某项专业技能的培训学习，还会随时随地从其他人身上学习。这就是卓越员工身上所表现出来的一个与众不同的特质。让我们再来看一个具体的事例，或许你能更清楚为什么需要保持随时随地学习的心态。

阿龙，在大学毕业后就到了南方一家企业找到一份在当时来说相当不错的工作。因为他有着较强的专业知识，在熟悉了自己的工作内容后，处理起来得心应手，为公司带来了一定的经济效益。可是，随着时间的推移，慢慢的阿龙感到了有些吃力，在工作的时候，完全不像原来那样的轻松了，因此，他的工作业绩一直在下降。

为什么会这样呢？他在苦苦思索，始终不能寻找到答案。虽然他以前给公司带来过可观的经济效益，但是由于现在的这种状况制约了公司的发展，他的位置很快便被新人代替了。

是什么原因造成了阿龙这种情形呢？其实一切都在于阿龙忽略了必要的学习，所采取的仍然是一种陈旧的工作方法和方式，试想他怎能不感到工作吃力呢？

每一个人所拥有的知识都是有限的，我们不可能知道所有的一切，我们的人生其实就是一个不停的学习和提升的过程，我们是在不断的学习中完善自己和提高自己并获得成功的。

让我们保持一颗谦虚好学的心，随时随地的学习，提高自我的能力和素质吧，它会让我们一步步从普通走向卓越，从而成为职场英雄。因为，这是一个依靠能力说话的时代，更是一个比谁的学习速度更快的时代。当你拥有了较强的能力后，又怎能不会成为老板心目中卓越的员工呢？

白领职场攻略

社会在不断的进步发展，并且速度越来越快，如果稍微有所不慎，便可能难以跟上社会发展的速度，就难以给企业创造价值，实现自身的价值。卓越的员工都深知这一点。所以他们随时随地地学习，以加强自身的能力。

DI QI ZHANG

第七章

不结小帮派，但是也不能没有自己的圈子

——看《潜伏》学处理同事关系

如何妥善地处理好职场的人际关系，以及怎样利用自我的人脉去成就自我的职场生涯。余则成在潜伏的过程中，就是因为很好地把握到这一点，利用李涯以及马桥山等人之间的微妙关系保护了自己，并且一步步地巩固了自己在天津站的地位。对比余则成所处的军统天津站，跟我们现今所处的职场环境，我们确实可以从他的身上学到一些与同事处理关系的技巧。

1. 要想被人接受须保持良好的形象

在《潜伏》中，余则成从头到尾给人的都是一种温文尔雅的形象，他显得是那样的内敛和低调，特别是在与军统天津站那些军统工作人员接触的过程中，更显得如此。从他一出场开始，我们就已经知道了他是一个很注重形象的人。他的这种对自我形象的注重，对自我穿着打扮的注重，对他融入到军统天津站，不无一定的好处。试想一下，如果余则成那个时候，不注重穿着，并且一味的按着自我的喜好来，肯定会与身边的同事有些格格不入，势必将自己摆放到他们之外，这样一来又怎能得到他们的认可，并且被他们接受，作为同类人呢?

余则成保持自我的形象是为了能够与身边的同事融为一体，这一点对现今职场的人来说是同样重要的，而且，公司员工的形象就是公司的形象，代表着公司的面子。

某著名大学中文系的高才生范小伟，毕业后应聘到一家报社当记者。头一天报到，他的穿着十分随便，这让主编很不高兴。虽然主编对他的着装有意见，但还是应他自己要求让他到新闻部去搞热点采访，只是让他注重自己的着装。

范小伟的确很有才华，也适合干这份工作，可他的随便着装常让自己采访时碰壁。影响了几次重要采访之后，总编决定让他先在报社做校对工作，以后再根据情况决定。

范小伟觉得很憋气，认为总编不识真才，有意为难自己，不就是着装随便了点，这怎么能掩盖自己横溢的才华呢？于是他做校对既不认真，又牢骚满腹，结果给同事留下了很不好的印象。

最后，范小伟在感到失意和愤愤不平之余，在这家报社工作了不到三个月，只好辞职走人了。

在实际工作中，总有一些人像范小伟一样不注重自己的工作衣着。他们也许认为自己潇洒得不得了，老板却越看越不顺眼。因此，想要在职场中得以更好发展的员工必须要注意自身的形象。而着装的第一个规则，应该是整齐顺眼，也就是清清爽爽。整天坐在办公室的职员，或是经常和顾客打交道的职员，要是穿着脏兮兮的衬衫，皱巴巴的裤子，一副邋遢散漫的模样，谁都不会对他产生好印象。以这种“不修边幅”的德性跟谁谈话，谁都要尽量退避三舍，吃亏的总是你自己。

服装往往是信用的象征、个性的象征。美国甚至有人出了一本《成功的穿衣法》的书，以具体数字印证成功人士与穿衣之间有着密切的关系。因此，请不要慢待自己的工作着装。

你要认识着装的重要性。工作时的着装反映一个员工的精神面貌。着装随便，工作也会随便；着装整齐洁净，工作也会严谨勤奋。一个优秀的员工一定会注重自己的着装。在工作的时候，你的着装应该注意以下几点：

1）不要穿得太“招摇”

那些喜欢用名牌服饰来炫耀自己的品味的员工，会很容易引起同事的反感。虽然穿什么衣服是个人的自由，但如果因此而让人反感，就必然会影响到工作的顺利进行。

在公司里，大家的工作是互相联系的，每一个人的工作都需要其他同事的协助及合作才能很好地完成。如果你被其他同事孤立起来，即使再怎么能干，也很难发挥作用。

2）不要刻意以服饰来显示个性

现代的年轻人很注重个人色彩，穿衣服时总是说“只要我喜欢，有什么不可以!”但是，太过于突出个性是很难交到朋友的。建立良好的人际关系，在衣着方面还是不可以太过于标新立异。

这种配合大家的生活态度也是一种职场生存的智慧。

但这样的话，一定会有人说“怎么，连穿什么衣服的自由都没有吗?”

当然，一个人喜欢穿什么衣服、如何去穿，这完全是个人的自由和权利，其他人也是无权去干涉的。但是话说回来，你工作的场所，就是一群人在共同的思想下，聚集在一起做事的地方。如果你过于个性化地着装，难免会给人以浮华的感觉，还容易导致不合群的后果，这就是得不偿失的做法了。并且每一个公司都有着一定的秩序和规则，其中自然也包括服饰在内。很多公司规定穿统一服装，也正说明了这一点。

3）穿着首先应该整洁大方，不能肮脏邋遢

假如上班时来了一位重要顾客，你却穿着让人感觉很寒酸的服装，或者头发蓬乱、胡子拉喳地出面接待，给人的第一印象就不好，让人感觉很不尊重自己，那就很难获得对方的好感。而对方的感觉如何，当然会影响到彼此间的业务关系。

服饰整洁大方，既不能寒酸，但也不能太华丽。现在有些女职员，上班打扮得像个贵妇人似的，身穿新潮时装，脸上浓妆艳抹，外加项链、手链、戒指、耳环，一副珠光宝气的样子，实在不像个职业妇女。

要知道，真正才华出众的人是绝不用服饰来夸饰自己的，这也是想要在职场中得以更好发展的员工共有的特点之一。

白领职场攻略

想要在职场中得以更好发展的员工从来不会让衣着打扮成为阻碍自己的绊脚石，因为他们明白外在的着装往往能够体现出一个人素质的高低。因此，他们总是十分注重自身的形象，以最好的状态投入到工作中去，自然，老板也会对他们“宠爱”有加了。

2. 学会与人合作

无论余则成自身的能力多么卓越，如果他不能融入到军统天津站的同事之中，就不可能站稳脚跟，并且顺利完成组织上交给他的潜伏任务。他所面临的处境确实有些特别，虽然表面上是在为军统工作，而实质上却是在为另外一个组织做事。这样一来就使得他在军统天津站的生存与发展出现了难度，因为他几乎同时要做两件事，而其中最需要解决的就是如何在军统天津站立稳脚跟的问题。聪明的余则成知道，自己要想在这一环境中得以很好的生存，就必须得到周围人的认可，就必须做出一些实际的事情来，因为军统天津站的站长吴敬中虽然是他的老师，但是他要想得到更好的发展，仅仅依靠关系还是不够的，还必须做出一些对军统“天津”站有利的事。当然，他知道仅仅依靠一个人的力量是不够的，他懂得在这个集体中寻找同盟。我们可以从剧中看到，虽然陆桥山、马奎他们等人都窥视副站长这一职位，并且从始至终都没有真正的相信过余则成，将余则成当做是竞争对手，但是余则成还是能一一的跟他们处理好关系，借助他们的力量，让他们互相争斗，而坐收渔翁之利。

在任何的一个团队之中，我们要想得以更好的生存与发展，就必须融入到集体之中，懂得与人合作。对现今身在职场中的我们来说，如果我们认为自身能力不错，做职场中的“独行侠”，拒绝与同事合作，最终将会陷入孤军奋战的困境，更不要说能拥有多少成就。

在企业里，有一些人感觉自己的工作能力比别的员工强，喜欢事事亲为，不愿意和同事合作，喜欢单打独斗。张华就是这样的员工。研究生毕业后，张华就来到中关村一家国内比较大的企业上班。张华认为自己是名校出来的高才生，和公司那些同事是有区别的，自己能做的工作，同事多做不了，其他的同事跟自己不在同一个档次上。张华不喜欢与人合作。不论做什么工作，他都是喜欢一个人做。他总是自己埋头工作，不喜欢和大家交流。如果团队其他成员需要他协助，他不是拒绝就是很不情愿。有时他宁可事事亲为，也不向同事寻求帮助。这样工作了两年，他发现自己工作也很努力，也出过不少的业绩，为什么就没有进入公司的领导岗位呢？他百思不得其解，年终聚餐后，他酒喝得有些多了，就借着酒劲问公司的总经理，为什么自己没有晋升。总经理告诉他，一个精通业务的员工，如果他仗着自己比别人优秀而傲慢地拒绝合作，或者合作时不积极，总倾向于一个人孤军奋战，他是无法担任领导岗位，做好管理工作的。多人的合力远比一个人的力量大，他其实可以借助其他人的力量使自己更优秀。

从上面的这个故事，我们可以看到，在职场中有很多人都喜欢单打独斗，喜欢做“独行侠”，他们自认为凭借一己之力就可以打拼，就可以完成所有的工作，就可以撑起一片蓝天。尤其是那些初涉职场的新人，他们常常忽视应有的合作精神，无法与同事、合作伙伴，甚至客户建立良好的工作关系，他们不仅损害了群体具有的积极创新的良好氛围，影响了组织的整体的工作效率和效益，最终也将无法适应讲求团队精神的组织和讲求合作生财的社会。

“独行侠”常常被同事孤立、排斥，当自己遇到困难需要别人帮助时常常无人伸出援手，甚至还会出现墙倒众人推的情况。因此，只有摒弃“独行侠”的思想，融入到集体之中，树立与人合作的观念，才能事半功倍，成为一个真正优秀的职场人。

融入是一种双方的相互认可、相互接纳，并形成行为方式上的互补互动性和一致性。理性制约力强、感悟力好的人，融入的自然就和谐、顺利，被群体接纳的程度就越高，因此可能会取得更多的发展条件和机遇。作为具有独立个性的你在职场这个大环境里，必须融入群体中去，才能促进自身的发展。

当你来到一个新的单位，你的上司很可能会分配给你一个难以独立完成的工作。上司这样做的目的就是要考察你的合作精神。一位专家指出：现代年轻人在职场中普遍表现出的自负和自傲，使他们在融入工作环境方面显得缓慢和困难。他们缺乏团队合作精神，项目都是自己做，不愿和同事一起想办法，每个人都会做出不同的结果，最后对公司一点儿用也没有。

事实上，一个人的成功不是真正的成功，团队的成功才是最大的成功。对每一个职场人士来说，谦虚、自信、诚信、善于沟通、团队精神等一些传统美德是非常重要的。团队精神在一个公司，在一个人的事业发展中都是不容忽视的。那么，要怎样加强与同事间的合作，使自己尽快地融入到集体中去呢?

1）主动交流

交流是协调的开始，把自己的想法说出来，听听对方的想法。你要经常说这样的一句话："你看这事怎么办，我想听听你的想法。"

2）平等友善

即使你各方面都很优秀，即使你认为自己以一个人的力量就能解决眼前的工作，也不要显得太张狂。要知道还有以后，以后你并不一定能完成一切。

3）乐观向上

即使是遇上了十分麻烦的事，也要乐观，你要对你的伙伴们说："我们是最优秀的，肯定可以把这件事解决好，如果成功了，我请大家喝一杯。"

4）坦然接受批评

请把你的同事和伙伴当成你的朋友，坦然接受他的批评。一个对批评暴跳如雷的人，每个人都会敬而远之的。

在同一个办公室里，同事之间有着密切的联系，谁都不能单独地生存，谁也脱离不了群体。依靠群体的力量，做合适的工作而又成功者，不仅是自己的成功，同时也是整个集体的成功。相反，明知自己没有独立完成的能力，却被个人欲望或感情所驱使，去做一个根本无法胜任的工作，那么失败的几率也一定更大。而且这还不仅是一个人的失败，同时也会牵连到周围的人，进而影响整个公司。

白领职场攻略

一个个体要想在工作中快速成长，就必须学会与人合作，学会依靠团队、依靠集体的力量来提升自己。

3. 在同事需要帮助时给予帮助

虽然在很多的时候，余则成对自己那些军统天津站的同事心生厌恶，但是他更知道，即便自己再怎么厌恶他们，还是要跟他们处理好关系，因为这直接关系着他是不是能安全地留在这儿，并且能否顺利地完成自我所肩负的任务。也就是因为如此，当他发现那些让人厌恶的同事遇到困难时，他都会给予适当的帮助。其中有一个很典型的例子就是陆桥山遭排挤之后，他通过关系将陆桥山弄到了南京。

余则成在军统天津站的人缘很好，这是我们不可否认的，就连他的那些敌人都会觉得他够朋友，因为他会在同事遇到困难的时候伸出援助之手。

他的这种援助虽说有着一定的目的性，但还是非常有效。这告诉身在职场中的我们，在一个集体之中，适时地向遇到困难的同事伸出援助之手，会让我们变得更受同事的欢迎，能缔结更好的人缘，这对我们在职场中的生存与发展是有百利而无一害的。只不过，值得提醒的是，身在职场中的我们在帮助同事之时，不要像余则成那样目的性很强，因为我们所处的环境跟他并不一样。

一些在职场中受人欢迎的员工总是会在同事需要的时候给予力所能及的帮助，这也是他们高素质的体现。现代职场，同事之间的竞争虽然有时很激烈，但朝夕共处地一起工作，同事间免不了互相帮忙。一个人不可能不遇到困难，也不能保证万事不求人。所以，有一句老话说："帮别人就是帮自己。"

比如，有一位同事一边看表，一边叹气地说："今天如果不加班的话，工作是怎样也赶不完的！"这时，你如果说："唉！真是够辛苦啦！要不我留下来帮帮你吧！"你若能对他这么说的话，那位同事的内心该会多么感激啊！今天我帮你忙，明天也许变成你帮我忙了，这种情形在工作上也是经常发生的。并且在同事需要帮助的时候，如果你能够及时伸出援手的话，那么你也有可能因此而得到意想不到的收获呢！马莉和安萍的职场经历就恰恰说明了这一点。

马莉和安萍是同时进入电力工程公司工作的员工，在业务能力上，两个人可谓是不相上下。

在工作中，安萍经常与马莉相互协作，完成工作中的难点，相互配合非常默契。马莉也愿意同安萍在一组，相互促进。

有一次，公司交给马莉一个任务，要她完成11万伏高压输电线路的安装，为了能够顺利完成工作任务，马莉经常通宵看图纸，忙得废寝忘食。安萍便自告奋勇地每天晚上都与马莉一起加班。两个人晚上看图纸，安排工序，白天就拼命工作。由于有了安萍的帮助，马莉把预定的工期提前了三分之一，因此她受到了公司的表彰。

在这段期间内，曾经有朋友劝安萍，认为她这样帮马莉的忙，无异于是拆了自己升迁的梯子。安萍却淡然地回答道："我并不是这样认为的。我十分佩服马莉的能力和人品，咱们公司能有多少人可以进行11万伏的带电作业呀！如果她没有这个能力的话，公司也不会把这个任务交给她；另外，如果我自己水平不够的话，那么即使领导不会看重马莉，我也不会有什么升迁的机会。我现在帮助她完成这项工作，也是在向她学习，如果马莉升迁了，我与她能够配合默契，那么工作起来也会更加顺手一些。"

通过这次工程任务，公司领导十分赏识马莉的成绩，并且通过马莉了解到安萍在其中也付出了很大努力，两个人的能力同样突出，都被追加了5000元奖金。

不久，在马莉被提升为安装工程处经理之后，安萍理所当然地成为副经理。

安萍在马莉急需帮助的时候施了一把援手，马莉自然铭记在心。没有安萍的帮助，仅靠她也不会有这么突出的成绩。又过了一段时间，安萍被调到另一部门担任了正职。

安萍帮助马莉获得成功，而从另一个角度也帮助自己达到了职业生涯的一个高峰。通过这个例子，我们可以明白，在同事需要帮助时给予帮助，并不就是白白得浪费了自己的时间和精力，也不单是为他人的升迁铺了路，而是通过自己施以援手这一行动，为自己也开辟了一条方便之路。

当然，我们在帮助他人时，也不必抱着一种功利的态度。其实，同事之间，互相关心，互相帮助，这本身就能在职场环境中造成一种温馨、和谐的气氛，每一个处在这样环境中的同事都会感觉到惬意和愉快。我曾到过一家公司，他们那里的同事之间就形成了一个互相协助的“合作网”。有了这个“合作网”，同事之间有困难时大家都一起来帮忙。如果某个同事正忙着或开会时，突然来了一位客人找他，“合作网”内的同事帮忙应酬一下，倒杯茶，也是一种很好的帮助，难道不是吗？

白领职场攻略

帮助他人，无异于帮助了自己。人与人之间的交往关系应该是平等互惠的，你对别人怎么样，别人就会怎样对你。你帮助我，我就会帮助你。只有大方而热情地去帮助和关心同事，同事才会给你以帮助。因此，身在职场的你一定要多为别人着想，这样，你的同事才会给你以友善的回报。

4. 绝不随意泄露他人的隐私

在职场中的人不可能没有朋友，当朋友向你诉说一些心中的秘密，一些隐私的事情时，我们该怎么办呢？余则成告诉我们，即便是知道了也不要说出去。余则成之所以能在军统天津站稳住自己的脚跟，还有一条非常重要，就是少说话，不该说的绝对不说，“哪怕做梦都要遵守纪律，绝对不能说梦话”。余则成知道不少人的秘密，比如马奎查吴站长，比如吴站长查他，还有那些吴站长做的龌龊事情，但是他却不会主动或者不小心透露，偶尔透露也是为了套出更多的情报。余则成连表情都不多，尤其是眼睛小不太被别人看出来内心活动，几次险些暴露都被其躲过。

试想一下，在任何的一个集体中生存，如果你时时刻刻都会让他人对你心存提防，不管你的能力再怎么卓越，最终还是会输得一败涂地，会被这个集体所排挤。而怎么才能让人减少对你的提防之心，建立起信任感呢？那就是他人告诉你的秘密，以及你所知道的秘密不要轻易说出口。在如今这个竞争激烈的职场上，若是你口无遮拦地议论他人的隐私，那么只能给自己带来不必要的麻烦。

某个企业的会计宋佳，业务能力很强，工作上也很认真、细致。但她有一个致命的缺点，就是喜欢在背后议论别人。她的老板有一个女儿，年龄挺大了，但一直却没有出嫁，不知是什么原因。一日她与另一同事闲聊，喜欢议论别人的毛病又上来了，不经意间便谈起了这件事，说得兴高采烈。就在这时，她的老板恰巧经过，话自然也就被听去了一些。从此老板怎么看她都不顺眼，经常对她的工作不满意。

一次，老板找来了一个朋友，她是其他单位的一位老会计，老板对宋佳说："我这个朋友是个老会计，她非常有经验，你要多向她学习，有什么不会的地方，一定要向她请教。"老板的朋友开始查起了宋佳的账本。她查得很细，老板就坐在她身边，不时地问她："怎么样，有哪里不对吗？你要看仔细了。"整整查了一上午的账，最后并没有发现什么问题。于是那个老会计说："账记得挺好，以后就这样做吧。"听了朋友的话，老板也就没有再说什么。但宋佳心里觉得十分别扭，一直都被老板这种不信任的态度所笼罩，工作再也提不起兴趣，这样形成恶性循环，最终丢掉了工作。

好奇是人的天性，所以，人们内心深处都有探听别人私生活的欲望。但是，保护自己的隐私也是人的天性，谁都不想自己的隐私被别人议论，特别是有一定社会地位和经济地位的人。可见，如果你想当个好职员，并有机会脱颖而出，在公司中有一个好的发展前途的话，那么就请你不要谈论他人的私生活。

上例中的宋佳就是因为背后说老板的闲话，使得老板对她进行报复，自己最终只能离开公司。但不管是从她的专业技术水平，还是工作的态度和能力来说，都很不错，很有发展潜力，可就因为这样的问题而断送自己，多么不值！

聪明的员工都知道，即便是偶然获悉他人的某种秘密，也会装不知道。

有的人为了讨好老板，故意在老板面前显露一两句，表示自己虽然知道却没有跟人讲；或者在同事面前显现出“我知道老板的秘密但不告诉你们”的样子，这其实是非常愚蠢的。这样做，老板不仅不会感激你，反而会觉得你在以此要挟他，对你不深恶痛绝才怪。同事们也会认为你故弄玄虚，令人厌烦。

因此，想要在职场中得以更好发展的员工应该做到以下两点：

1）管住自己的舌头。长舌妇最让人烦。放纵自己的舌头，不管时间地点地乱议论老板的隐私，那就是搬一块大石头堵了自己的职场发展道路。即使老板当场没听见，但世上没有不透风的墙，老板迟早会知道，最终你不会有好结果。还是让舌头在正当的地方发挥作用，少乱嚼舌根为妙。

2）即使别的同事在议论老板的私生活，你也不要参与，赶紧走开，假装什么也没听见，这才是明智之举。

白领职场攻略

言多必失，这在职场绝对是条金科玉律，往往那些我就告诉你一个人，你绝对不要告诉别人的消息，最终会成为尽人皆知的秘密。而你对某个同事或者上下级的看法，往往最终也能传回当事人耳中，一个热衷在背后讲八卦的人，是绝对不会获得晋升的机会的，这点要多学学余则成，守住秘密就是守住自己职场的金光大道。

5. 不懂保持距离最终惹火烧身

在任何一个集体中，人际关系都是极其微妙和复杂的，如果不能妥善处理，保持一定距离的话，就极有可能毁掉自我在职场中的前途。在军统天津站，有四位主要成员，最大的官儿是吴敬中站长，他不求有功，只希望借这个位子多多敛财积累资本，他之下的副站长就是对属下们的一个诱饵，让他们互相斗争，自己做壁上观。马奎马队长和陆桥山正在对副站长跃跃欲试，两人的摩擦加剧，马奎利用自己和毛人凤的关系，竟然把某头指向站长，因此后来他被余则成和吴站长联手除掉。

马奎刚走，陆桥山还没有得意几天，就遭遇了李队长的强势回归，站长表面上重用李队长，其实是为了挑拨属下们的关系，陆桥山果然上当，私自把情报卖给稽查队，毁掉站长对李队长的信任，但最后却被反扑的李队长端掉。

在这两次内部斗争中，余则成安身于少校，由于与他们之间保持若即若离的距离，没有给他人构成威胁，因此每个人都把他当成至交好友，每个人都试图拉拢他，在斗争失败的时候，这些人也会产生宁可他来，也不能把斗争成果让给对手的心理。

从他的身上，我们可以看出，要在职场中得以良好的生存与发展，就必须懂得如何与同事之间保持适当的距离。“距离”一词原本是物理上的概念，说到与同事保持适当距离是不是真的需要在“物理”上保持一定的远近呢？虽然貌似玩笑，可还真有人研究过这个问题。人类学家爱德华·霍尔研究出来的四种空间距离可供你参考。

第一种为“亲密距离”，即有身体上的接触，一般在0～46cm之间。

第二种为“私人距离”，一般在0．46～1．2m之间。

第三种为“礼貌距离”，通常用于处理非个人的事务，约在1．2～3m之间。

最后是“一般距离”，以感觉而定，一般在3m以上。

和同事之间，保持一个什么样的“物理”距离，可以达到亲密而又有间的心理效应，这不能一概而论。同性和异性，上司和下属，均有所不同。但有一点，不能因为近而给心理上造成恐惧，也不能因为远而让自己脱离众人的视线。

如果生理的距离还只是一个形式，那么人际关系上的“远近”就显得比较关键了，这需要你费一些心思来做适当调试。与同事相处，太远了当然不好，人家会认为你不合群、孤僻、不容易交往，太近了也不好，容易让别人说闲话，而且也容易让上司误解，以为你在搞小圈子。所以说，不即不离、不远不近的同事关系，把握好这个度才是最难得的和最理想的。

> 小王到一家公司工作，初来乍到，对周围环境极不熟悉，幸得小季的介绍，她很快清楚了公司状况。所以，她一直保持着对小季的感激，对小季格外关心，泡茶、倒水，照顾得格外周到，在同事眼中，似乎她是为着小季而来的，大家对他俩都敬而远之。而小季呢，为了极力澄清什么，对小王很是冷淡。

过于亲近于某人，只会让别人回避你，因为谁都不愿做插足的“第三者”，尤其是女性之间，你与某人越近，别的人便与你越远。如果你要依个人的好恶来亲近或疏远某些人，那么你别指望在办公室缔结好人缘。所以，和同事相处，为了不偏不倚，最好是一视同仁。要一视同仁就做到以下几点：

第一，对待知心同事如一般同事。即使你与某一同事成了知心朋友，也不要在办公室交头接耳或者互相传纸条，因为这份小动作除了显示你们的亲密，还会让人怀疑。

第二，要么“助全体”，要么“助自己”。既然是“助人”，那就助到底，否则，你就“独善”其身。

第三，与同事们“步调一致”。和多数人一起下班，不要专等某一个人。

第四，君子之交淡如水，要和同事保持长久而良好的关系，不要过多牵扯到物质，即使必须赠予和收受也要平衡分配。

白领职场攻略

职场中的人际关系也是很微妙的，大家既要互相协作，又要保持各自相对的独立，你只有把握好这种距离，才能较好地维系同事关系。

6. 在职场交际中千万不要过于随便

余则成所处的军统天津站或许要比任何一个地方都复杂，在他的身边有着各种各样利益纠结，今天可能是朋友而明天可能变成仇人的人。他只要稍稍有什么不注意，就可能会给自己带来危险，这就需要他在面对身边的同事时，保持着十二分的注意，即便是一些细节的地方都应当有所注意。然而，在现今的职场人际交往中，人们常常忽视一些小节，以为“成大事者不拘小节”，把一些社交中的不良举止（如掏耳、挖鼻、搔头皮、吐痰等）、衣饰（衣冠、领袖、皮鞋、手绢等）不整洁、言行失礼（随意翻阅、拿取熟人或朋友的书及东西等）视为鸡毛蒜皮、无可厚非的小事。更有甚者，竟以此为洒脱。结果导致“大江大海趟得过，小河沟里翻了船”。从而留下“大意失荆州”的悔恨。

某药品生产厂家要从国外引进一条先进的生产线，与客商谈判已近完成，第二天将正式签订合同。正巧在此期间，厂长陪客人到车间参观，随意向墙角吐了口痰，然后用鞋底擦去。谁知这一口痰竟会吐掉一项已基本谈成的项目。那位外商回到宾馆后就决定取消合作。他的理由是这样说的：“一个厂长的卫生习惯，可以反映一个工厂的管理素质。一个厂长可以在生产车间随地吐痰，‘上梁不正下梁歪’，那么其他人是不是也这样做呢？生产药品，可是人命关天的大事！”

这位厂长可能认为，一口痰微不足道，和买卖无关，然而他却不知，交际中一举一动、细枝末节都是一个人内心世界、个人修养、处世态度和精神面貌的体现。甚至还是其生活背景和周围环境的反映，不可随便。这样，一个不良的小动作影响了一笔大生意，真是“为山万仞，功亏一篑”，实在遗憾。

交际应酬，离不开酒，但在酒桌上也是最容易忽略细节的地方。千万别以为在酒桌上，酒过三巡就可以信口开河，为所欲为了。不注意小节，稍有失礼的地方就会引起对方的反感。

在一次宴会上，某人喝得晕乎乎的，嘴巴就没了把门的。在一次举杯的时候，他忽然说：“总结男人的人生历程，我得出一个结论：凡是成大事的人，必须具备三证！”

有人跟着起哄，大声问：“哪三证？”

那人提了提嗓门儿答道：“第一是大学毕业证；第二是监狱释放证；第三是老婆离婚证！”

话音刚落，众人哗然。不料经理却发起怒来，他把酒杯往地上一摔，指着某人骂道：“你这小子胡说八道，给我滚出去！”

原来这个经理，除了没有大学毕业证外，其他两证俱全。那醉酒之人多喝了几杯，酒后失言，揭了上司的疮疤，自己害了自己。

社交是双向或多向的交流活动，“一粒沙子中可以看到世界，一滴水可以看见大海”，人们观察和了解对方时，常从细微处着手，观微知著。例如，有人曾做过这样的测验：把一把扫帚放倒在门口，进门者如用脚踢则为骄横，绕道过者为自私，放好然后再过者为和善。“窥一斑而知全豹”的以小看大的判断，不一定完全科学和准确。但是它经常作为人们认识和判断对方的依据，我们就不能不重视，也就不可过于随便。如果一名工作人员酷爱读书，随便从总经理的书架上取了一本去看，肯定会被认为是“不懂规矩”。

类似上面例子中的细节在职场交际中不胜枚举。所以，我们不能粗心大意，以大大咧咧的态度对待社交活动，你的坐相、走相、吃相，甚至你手绢的叠法都会透露出你的处事修养、为人态度。如果你把这些细节做得妥妥当当、完美无缺，那么你将会在职场交际中如鱼得水，顺畅自如。

白领职场攻略

一粒沙子中可以看到世界，一滴水可以看见大海，在职场的人际交往中，如果不注意自己的言行举止，毁掉的不仅仅是你的形象，更是你的前程。

7. 千万不要小瞧同事

在军统天津站，行动组组长马奎，情报处处长陆桥山以及后来接替马奎位置的李涯，一个个都不是简单人物，并且他们都对余则成的身份有所怀疑，他们在很多的时候都在秘密地关注着余则成的一举一动，例如马奎对翠平的身份产生怀疑后的一系列举动，以及接替马奎位置的李涯也给余则成和翠平设计了一些圈套。在观看《潜伏》时，我们知道余则成自身的能力好像比他们要强一些，但是余则成并没有因此而忽略他们，并且从来不会小瞧他们，在有些时候还表现出对他们的尊重。也就是因为如此，他才能在第一时间内从他们设计的陷阱中走出，并且逐渐消除了他们心中的芥蒂，慢慢地被他们所接受，在军统天津站有惊无险的呆下来。

然而，在现今职场中，一些人却并不能做到这一点，在有些时候他们总是由于觉得自己要比他人优秀，而瞧不起同事，最终为自己的发展设置了障碍。

沈阳机械厂的车床工胡强，技术一流，也能吃苦，深得老板的青睐。可是，在工友中他并不是一个受欢迎的人。因为他动不动就会说“不可能”、“你错了”这样的话，惹得工友们都不愿和他交往。

有一次，一位工友对大家说：“我发现了一种方法，可以大大提高工作效率……”还没等人说完，胡强就插上了话：“不可能，我都想了很多方法，都没有成功!”那位工友听了很不服气，就和他辩论起来，最后两人吵了起来，严重影响了车间的工作。结果，那位工友的办法还真不错，最后被老板采纳并在全厂推广使用，而胡强则被老板狠狠地批评了一顿，工友们从此更不愿理他了。

像上述胡强一样的人，在现今的职场中不算少数，他们对他人的新创意总是不假思索地给予否定，“一定不可以啦”、“上面不会接受的”或者“我们以前也曾试过，还不是弄得一团糟”等。这种人总给人一种印象，就是性情浮躁、做事武断、内心虚伪、待人刻薄。这种人最招人烦，也最没人缘，在工作中常常得不到帮助。

胡强要能力有能力，要技术有技术，按理说应该很受同事尊敬，可他却成了厂里的“孤家寡人”，被大家孤立起来。其原因就是他太自以为是，太爱否定别人。

否定别人以肯定自己，这是那些自私者惯用的手段，这些人往往有一定的特长甚至权威，由于害怕别人超过自己，取代自己的位子，他们总是用一种极端的方法打压和否定别人。几乎在每个企业里，都有许多已经养成了这种习惯的人，凡是别人的提议，他根本不予分析，便马上加以否定。他们往往认为，无论别人的提议或者创意有多大的优点，只要加以否定，就可以显示出他自己的高明来。

卡耐基曾经说过：“要比别人聪明，就不要告诉别人你比他聪明。”这句话告诉人们，任何自作聪明的否定都会招致别人的厌烦，而缺乏依据的责怪和抱怨则更有损人际关系的发展。

如果你是一个惯于否定他人的人，那么你会将自己渐渐地推向孤立无援的境地。你的否定从一方面讲打击了他人的积极性，从另一方面讲，也使他人更加讨厌你。

在你的不断否定之下，他人不会再与你共同分享他们的智慧，他们只会躲避你，甚至孤立你，因为他们知道你不会给他们任何帮助，只会给他们以打击。与此同时，因为你对他人的否定，也使他人对你在潜意识里产生了否定的欲望，因而当你有什么新的提议和创意或干出什么成绩的时候，被你否定了的人也同样会以否定来回报你。这样一来，在你的身边，将形成一个怪圈，一个否定的怪圈，从而将所有的和谐和创造性都破坏无遗。

白领职场攻略

经常瞧不起身边的同事，并经常以否定的态度对待身边的人，时间长了，大家会把你放入他们交流的阴暗角落，把你视为一个不可合作的人。这样一来，你势必成为一个孤家寡人，这对你的职场发展来说是非常危险的。

DI BA ZHANG

第八章

获得上司的好感才有更好的发展机会
——看《潜伏》学处理与上司的关系

只有通过有效的方法跟上司相处，才能获得上司的青睐，获取自我职场发展的契机。如在《潜伏》中，余则成就是因为天津情报站站长吴敬中是自己的老师，并巧妙利用这层关系才使得自己在天津站迅速立足。现今的职场当然跟余则成所处的军统天津站环境有所不同，那么我们怎样才能像余则成那样获得上司的好感从而获得自我发展的机会呢？

1. 把上司放在首位

在《潜伏》中，一直空缺的副站长职位是每一个身在军统天津站的人所希望得到的，虽然在那个时候马奎、陆桥山等人一个个为此争得你死我活，但是最后还是让余则成坐上了这个位子。

虽说，从某种关系来说站长吴敬中跟余则成之间是师生关系，比其他人的关系要更进一步，但也不能确保余则成就一定能如愿地当上副站长，除了这层关系外，最主要的恐怕就是余则成始终把上司放在首位，而不像是其他的人那样去暗地调查站长，让吴敬中感到威胁和反感吧！比如站长就问过自己太太，到底应该提升余则成还是陆桥山，结果太太说，提陆广州高兴，提余则是自己方便。站在站长的角度，他提升谁都差不多，反不如找个自己信得过的人。

因此在职场想要成功，必须让一个说话有用的人说你行，这就是余则成抱住站长大腿的成功之处。

作为一个员工，把自己的上司放在一个比较高的位置上。这一点似乎每一个做下属的都认为自己心里有数，但能真正做到把上司放在“首位”并不是像想象当中的那么容易。在说明这个问题之前先让我们来看一个历史上的例子。

韩信在与刘邦谈带兵打仗时，说刘邦带兵不能超过十万，而他韩信将兵多多益善。这些话未尝不是实话，但说者无意，听者有心，说这样的话除了让刘邦更加忌惮韩信的才能，还有什么用呢？尽管韩信还算乖巧，后面加了句“陛下不善将兵，而善将将”暖了一下刘邦的心，当时打个哈哈把场面圆了下去，但刘邦会真的不往心里去么？谁能说韩信这样锋芒毕露的话是不是已经为以后刘邦削他韩信的实力并最终诛杀他埋下了种子呢？

三国时期的邓艾也是忽视了功高盖主的危险，没有落得好下场。邓艾为司马昭攻打蜀国的过程中立下了赫赫战功，得到了许多封赏，但他对这些封赏没有一次表示推辞，甚至名义上的推辞也没有，觉得自己的功劳就是自己应得的，而毫不顾忌自己的“上司”司马昭。而且，邓艾在领兵中常用“将在外军令有所不受”的理由不执行上级的命令。当时就有一个谋士说，如果讨伐蜀国获胜，邓艾必然回不来。果然，邓艾出奇兵直破成都，刘禅开门投降。然而，在回军途中邓艾就被司马昭找了个罪名逮捕了，后来又被授意处死。

在某种程度上，员工和上司的关系就像是臣与君的关系。你时刻要意识到你的上头还有一个很可能决定你职场命运的上司。在任何场合和情况下，你都要给足你的上司面子，把他推在风光的最前沿，而切忌遮挡了上司的光芒。

比如，在有机会同上司一起向领导汇报工作时，要注意自己的身份，以上司为主，除非上司要求自己去阐述各项理解，发言要谨慎，按照与上司商定的思路发言，对上司的发言可以补充，提供证据，但不要唱反调；对一些重要的事实，如果不能支持上司的主张，不要轻易抛出，最好让上司自己去斟酌时机。总之，这种时候一定要慎重，不要把它当作自我表现的舞台，否则极容易弄巧成拙。

再比如，在与上司一起给下属安排工作时，如果上司在主导进行，我们要做的主要是解释与补充工作，不要同上司争执，也不要试图用其他的手段影响上司改变决定，或显示你可以充当共同决策的角色。这种时候是维护上司领导权威的最重要的时刻，你的表现是上司决定以后给你多大放权幅度的重要参考。

在与上司一起参加酒会、公共活动时，要让他成为公众关注的中心，不要抢了他的风头。中国文化对上下尊卑很敏感的，在公共场所一定要维护领导的面子，不要在这些细枝末节上搞坏自己的形象。

有一个女领导，很年轻，也比较秀气，他有一个男下属，年龄比较大了，资历也比较老。一天那个女领导终于决定要调整那个下属的工作，因为由于工作关系她与那位男下属常常需要一起拜访客户，客户往往会把那女领导当成那个下属的秘书，而那个下属往往也不主动解释，使女领导很尴尬，所以决意要撤换他。

因为这样的事影响了自己的前途是很不合算的。还有一件事情要牢记，在绝大多数企业里，不要出现越级汇报的事情，不到迫不得已，不要进行越级反映。这是企业里的一大忌讳。许多公司的领导希望能得到越级汇报的信息，也想尽办法去得到下级越级反映的情况，但直接主管你的上司对下属的这种行为是深恶痛绝的，如果处理不好，极容易与直接上司发生冲突。所以，你要记住，要努力与自己的直接上司取得良好的互信，经常与他通气。

总之，在处理与上司关系的时候，不但不要超越了上下级的界限，而且一定要注意突出上司的地位，处处以上司为中心，事事围绕着上司来办，这样的职场处事方式对你肯定是有利的。

白领职场攻略

在任何场合和情况下，你都要给足你的上司面子，把他推在风光的最前沿，而切忌遮挡了上司的光芒。

2. 适当迎合老板与上司的喜好

要想在职场中得以提升，我们就必须得到老板和上司的青睐，因为老板和上司才是真正能够提拔我们的人。如何才能做到这一点呢？余则成在《潜伏》中告诉我们：在与上司相处时，应该懂得察言观色，适当地迎合老板与上司的喜好。在《潜伏》剧中，吴敬中之所以视余则成为自己的心腹，便在于余则成懂得察言观色，懂得怎样去迎合上司的喜好。例如余则成在帮着吴敬中向穆连成敲诈勒索时，穆连成为了保命，愿意拿出酒厂来贿赂吴敬中，正好其侄女晚秋心仪余则成，穆连成更希望通过与军统联姻，来保住自己的家产，吴敬中似乎也愿意促成此事以获得更多的利益。虽然在这个时候，组织上已经给余则成派来了一个“妻子”，但是余则成还是按着吴敬中的要求去和晚秋“谈情说爱”。

看起来，余则成的这种做法好像并不怎么光明磊落，而这种迎合有些失掉自我的尊严。但是他却告诉了我们在职场中得以很好的生存与发展的一个不破的真理：就是应当跟老板上司处理好关系，懂得察言观色，去迎合老板与上司的喜好。只不过，在现今的职场中我们的这种“察言观色”以及迎合老板的喜好要求有所不同，有一定的度罢了。

也许“察言观色”这四个字听起来不大顺耳，但是在办公室里学会“察言观色”绝对会令你受益无穷。迎合老板的喜好，学会察言观色可以让你在职场如鱼得水，顺风顺水。千万不要把坐在那间办公室里的老板想像成不食人间烟火的圣人，推断他“应该”怎样怎样，指望他随时都会客观公正，不知深浅地去动“老虎胡子”，你要做的是在完成工作的同时留意他的脾气秉性、喜怒哀乐。比如，假如你的老板在下午特别易怒，就尽量争取在上午向他请示工作，而在午饭以后，和他保持距离。

与老板相处时，要懂得察言观色，当然这并非是一种“讨好术”，而是作为聪明下属的知趣与明智。

员工在与老板交流时，不要光顾着自己侃侃而谈，要懂得留时间给对方说。如领导面带不悦，或沉默不语，那就要想想是不是自己的言辞激烈了，能否换种委婉的措词方式；如果领导抬手看表，那你不妨征询一下是否需要改约时间。谈话过程中，不要擅自打断领导的话，应耐心听对方说完，再发表自己的意见。插话也不宜过多，应尽量简明扼要。如果中途领导接听电话，从声调、语气中你应及时判断是否要回避，如需要可暂时出去一下。和领导持不同意见时，别急着争辩，应整理好思路，有条不紊地说，免得脸红脖子粗。在碰到领导情绪激动时，你不必硬顶，免得发生更大的争执，应等到对方情绪稍平和时，再表明意见。这样事情才会有可能向好的方面转化。

同时，一个聪明的下属会通过对老板行为的观察，准确地判断出老板的真实意图，在工作中贯彻老板的意图，这样既解决了老板的难言之痛，又让工作得以顺利进行，必定会给老板留下好印象。

刘军经过一轮轮面试，在一家著名的广告公司的招聘中脱颖而出。上班伊始，刘军的热情高涨，不断有新的创意提出，然而一段时间后，刘军发现自己创意的死亡率极高，这让他十分纳闷。

一次，刘军拿出了一个很不错的方案，起初老板兴致很高，频频点头。等到表态的时候，态度却冷淡了下来。眼看计划又要胎死腹中，刘军十分着急，他知道问题肯定是卡在老板不愿说明的地方了。刘军从头到位仔细思考了一遍，他觉得老板最紧张的就是钱，何不从这一点上着手？于是刘军找到老板说："策划方案既然没问题，我们不妨找几家相关单位赞助，一石二鸟，互惠互助。"老板听后，顿时眉开眼笑，不断夸刘军脑子活。于是这个方案得到了实施。

通常情况下，老板碍于身份，许多话无法直截了当地说出来，这时如果你是一个有心人，通过察言观色，充分领会出他内心的真实想法，肯定会获得老板的认可。

可以这么说，准确地把握领导的意思是一个职场中人不可或缺的法宝。要想把握领导的意图，必须学会察言观色。察言观色，不是为了自己的安全，而是为了与他人一起乘舟出航，共同前进。

白领职场攻略

察言观色，迎合老板与上司的喜好，并不是阿谀奉承，吹牛拍马，惟老板命是从。在现今职场博弈中的察言观色不是瞄准后准确地射击，而是与他人站在同一水平面上，旋转或是飞跃，共同前进。

3. 背地里不说老板与上司的坏话

无论你对老板与上司有什么的意见或者不满，你都要做到一点，那就是不可在背地里说老板与上司的坏话。余则成就是这样的一个人，当他来到军统天津站之后，虽然他知道天津站的站长，自己原来的老师吴敬中是一个什么样的人，同时对吴敬中的那种敛财的方法感到鄙视，并且知道吴敬中许许多多的秘密，然而，他从来不会将这些说出来，不管是当着吴敬中的面，还是在背后，都不会说出来。这样一来，他与马奎还有陆桥山他们相比，无疑在吴敬中心目中影响要好得多，他会觉得余则成是一个老实而忠于自己的下属。也就是出于这一原因，吴敬中在合适的机会将余则成推上了副站长的位置。

余则成之所以这么做，是因为他知道他只有这样做才能顺利地完成组织上所交付的任务。而从余则成的身上，我们也得到了一个启示，那就是要想在职场中得以更好的生存与发展，我们就要坚决做到这一点，不要在背后议论自己的老板和上司。可惜的是，在现今的职场中，我们常常会在吃午餐的快餐店或者下班后的公车上，听到同事之间的牢骚和背地里说如下的话：

“都是刘经理，好好的业务订单全让给他弄黄了”、“这种管理方式太落伍了”！

但是，他们不知道，隔墙有耳，没有不透风的墙，说出去的话就收不回来，如果这些话传到老板与上司的耳中，无疑是在为自己在企业的发展增添阻碍。下面发生在现今职场中的一个事例会让我们更明白这一点。

吴昊是一家文化公司的策划，颇有创意，但他不足之处就是自视清高，常常对老板的一些方案颇多微词，有种不屑的感觉。但碍于情面或者习惯，他从来不当面向老板提出自己建设性的意见，而总是在老板背后嘀嘀咕咕。这种情况很快被老板知道得一清二楚，还专门和他谈了一次话，客气而委婉地让他不妨直言。这时，他又支支吾吾、躲躲闪闪，说老板的创意尽善尽美。老板终于不客气地说：“我请你来是做高参的，不是听你在背后指指点点的。”

职场人士必须谨记：在他人面前消极地谈论你的老板恐怕是断送你职业生涯的最快的方法了。如果你真正对上司有异议，一定要当面向他反映，只不过要注意方式。你不要以为你在上司背后的嘀咕不会被添油加醋后传到上司的耳朵里去。一旦如此，你会赔上你的人品。所以与其在上司背后嘀嘀咕咕授人以柄，还不如当面袒露胸襟，这至少不会牺牲你的人品。上司不是老虎，有话尽可以好好说。另外，你的老板知道了一定不会对你有好印象，肯定会找机会给你“穿小鞋”。还不免有升职竞争中的对手也会利用你说老板坏话的机会对付你，毕竟对手是越少越好。

某电视台的新闻主播毕路的业务能力非常出众，也是当地观众眼里的红人，因此他不由得有些得意洋洋、踌躇满志。在一次和同事的聚会中他多喝了一点酒，说主管他们频道的张副台长的观念太落后，早已赶不上时代潮流了，我毕路要是在他那个位置会怎么怎么样改革之类的话。

这话不胫而走，传到了张副台长的耳朵里。副台长对毕路的上司主管大发雷霆，气得要开除毕路。

“我不敢！只怕前一天他走路，后一天我也得走，”主管直摇头：“他现在太红了，每天单单观众来信，就一大摞。”

“你说他现在太红，倒提醒了我，给他升官，行了吧。”

于是，台里新成立了一个部门，由毕路领导。电视台甚至资助全部旅费，送毕路出国做三个月的考察。消息传出，每个人都怔住了。

“副台长能不计前嫌，以德报怨，真令人佩服！”

毕路真是意气风发，虽然不再报新闻，但是目前职位高、薪水高，而且负责策划一个更大的新闻性节目，谁能说不是天高任鸟飞呢？

毕路回国了，带着成箱的资料和满腔的抱负，开始大展宏图。

只是新闻性节目，总得向新闻部借调影片，一到新闻部，东西就卡住了。

“哈哈！毕总，你是一个部门，我也是一个部门，你又不属我管，你有你的预算，还是自己解决吧！”新闻部主管笑道。

毕路告到了主管节目的张副台长那儿。

“他说得也对，你现在有自己的预算、自己的人手，应该自己解决问题。”张副台长拍拍毕路：“你们两个不和，我把你调开、升官，不要再斗下去了！”

问题是，新闻不能再“演”一次，过去的资料片找不到，别家电视台更不愿借，毕路怎么做呢？加上怕侵犯著作权，毕路连从书上拍一张图片，都得付不少钱。毕路虽是英雄，也无可奈何？

部门成立一年，节目筹划八个月，居然还拿不出来，而钱已经不知花了多少。

年终会上，台长沉着脸色道：“好的记者，不一定能做好的主管！只见花钱、出国，不见成绩！搞什么名堂？”

张副台长终于不得不把毕路叫去：

“你还是回新闻部吧！”

“我希望回去报新闻！”毕路说，“那是我的专长。”

“恐怕暂时不行，新的主播表现不错，观众的反应不比你当年差，你还是先做内勤，慢慢来，看编导给不给你机会。”

毕路辞职了，他知道新闻部主管不会给他机会。做过了领导，他也拉不下面子，回去做个职员。

在背地里说老板的坏话注定没有好下场，他可以用很多种方法来回应你。毕路的例子是一个很好的警示，一个公司的老板，可以派他的眼中钉，出去经营分公司或连锁单位。表面看，那是升官，不去，就是不知好歹和抗命；去，则是远离权力中心和拼命，拼死拼活都是老板赢。

白领职场攻略

在职场摸爬滚打的人，即使你的老板再讨厌，只要你还想保住你的饭碗，就必须管好自己的嘴，三缄其口。如果你不能做到这一点，经常在背地里议论和说老板与上司的坏话，那么你在这家公司的发展也极其有限。

4. 拉近与老板、上司的距离

即使你的能力再出色，做出的业绩再大，如果不能被老板与上司知晓的话，你同样不能得到晋升的机会。而怎样才能让老板与上司知道你所作的一切呢？这就要我们在合适的时机去拉近与老板、上司之间的距离。余则成在这方面做得很巧妙。例如，剧中，九十四军内部有人私自倒卖军需物资，李涯奉命负责抓捕工作。而负责情报工作的陆桥山为了排挤李涯并没有把准确的信息全盘告之，使本想好好表现一下的李涯错失时机，更加狼狈。吴站长也不想理会太多政事，只想多敛些钱财，以备退位时用。正值九十四军想息事宁人，愿意出大价钱来遮丑。余则成借此机会帮站长大捞了一笔，讨得了站长的欢心，在陆、李相争的夹缝中，受到了重用。为了投桃报李，站长有意提携余则成为中校，好使他日后有机会晋升副站长一职。余则成让翠平向站长太太讨教黑市买卖的窍门，翠平误以为他想敛财而非常鄙夷。而谁知余则成这么做有两个目的，第一目的是为了让吴敬中觉得他与他是同类人，第二是想将这些不义之财上交给组织用来装备我方军队。他的这种做法果然起到了效果，让吴敬中进一步视余则成为心腹。

在现今的职场中，在公司内除了同事之外，与我们交往最多的，可能就是我们的老板与上司了。面对老板和上司有人惶恐畏惧，有人阿谀奉承——这些都是错误的态度。正确的是我们应该适当地拉近与老板之间的距离。

老板要了解下属，同样，下属也需要了解老板，这是非常正常的人际交往，不必因担心他人的闲言碎语而刻意躲避上司。倘若你想让老板欣赏你、器重你，就应该主动出现在他的面前。那么，怎样与老板拉近距离呢？

第一，要向老板表明你的忠心。每个老板都喜欢对自己忠心耿耿的员工，所以，你要抓住机会，随时随地向他表明自己的忠心。

比如，听到公司有小道消息流传，不妨悄悄地告诉老板，以表示自己的忠心。要特别注意自己的措辞和表达方式，言语要简明、直接，比如，可以这样说："不知你有没有听过这个消息，不过，我想你会有兴趣知道……"

所有的言行都为了向老板表明：我是你的朋友，我会极力地支持你。老板会把这份忠心记在心中，对你产生好感。

第二，避免与老板发生正面冲突。若与老板发生了正面冲突，最终吃亏的肯定是自己。更不要当众与老板争得面红耳赤，因为那样会使矛盾升级。毕竟对方是老板，当面顶撞会让他因丢失面子而恼羞成怒。应该知道：①只要自身充满自信，无人可以用话语刺伤你，使你产生耻辱感。②一个有修养的人，他不会歇斯底里地破口大骂；他能冷静地面对问题。③应该试着改变自己，因为要老板改变自己的性格几乎是不可能的。

第三，关键时刻能替上司出力。正所谓，患难见真情。在关键时刻，为老板出力，老板才会更加认识和欣赏你，会认为你是忠诚的。人生的机会可遇不可求，绝对不要错过千载难逢的、可以表现自己的大好机会。当某项工作陷入困境时，如果你能挺身而出，肯定能赢得老板更多的赏识；尤其当老板深陷泥潭时，你若能妙语安慰，甚至伸手拉他一把，老板一定会满怀感激。

第四，适时地为老板辩护。对老板的是非千万不要评论，更不要在背后议论。当别人说老板闲话的时候，应该主动地为其辩护，应该提醒那些批评者：别忘了老板的优点。只有在相互尊重的氛围下，建设性的意见才能产生。若自己也是抱怨者中的一员，首先应该检讨一下自己。通过自我反省，扎扎实实地做好工作。

第五，不与老板争功。美好的东西，大家都喜欢。倘若对自己的事业有相当美好的憧憬，就不要斤斤计较，而应该大大方方地将功劳让给身边的人，特别是自己的老板。与老板争功是不明智的做法。因为这样做了，即使遇到的是一个非常明智的老板，将功劳归于你，但是，他的心里肯定会不舒服，对你的印象当然也好不起来。更何况不是每个老板都是那么明智的。

第六，努力使自己的言行与老板一致。员工的言行应该让老板满意，而且能够竭尽全能地去帮助他。比如，他与某一客户关系始终处理不好，员工应该尽力使两者之间的关系缓和。另外，要尽量与老板保持工作习惯上的一致。如果老板习惯一边吃午饭，一边看文件，那么，你也应该将自己午餐的时间缩短。

第七，为老板分担忧愁。作为老板，工作压力和负担是最大的，所以，员工不应该把错误的信息传达给他，增加上司的负担。对于各种资讯，你首先应该辨识真伪，并从各方面考虑是否有必要告知老板。

当决定报告之后，不应该报喜不报忧。其实，坏消息对老板具有更大的提示作用。同时，你不妨将自己的建议提供给老板。这样，老板会觉得你在为他分忧解愁，会认为你是他的得力助手。

白领职场攻略

一个永远不主动进入老板和上司视线的人，即使他的表现再优异，也难以取得很好的晋升机会。

5. 善于领会老板的意图

对任何一个老板与上司来说，他们喜欢的都是那些能够明白他们意图的并且会积极去做的下属。在军统天津站潜伏的余则成就是这样的下属，例如当马奎在秘密地调查站长的事，并且企图取代站长吴敬中的位置时，余则成知道吴敬中是不可能轻易放过马奎的，于是他便巧妙地利用这一矛盾，精心地与左蓝等人设下圈套，让马奎钻进去，以便吴敬中有一个合理的借口除掉马奎。虽然，吴敬中可能猜测到这是余则成所设计的，但是他仍然对余则成心中充满了感激。

确实，余则成所呆的军统天津站抛去一些政治上的因素后，跟我们现今所处的职场环境有几分相似。他告诉了我们职场中的一个生存准则，那就是我们应该善于领会老板与上司的意图，不要事事等着老板与上司的吩咐再去做，以及在做的过程中却因为难以明白老板与上司的意图，即便是将任务完成，也难以取得很好的效果。然而，令人遗憾的是，现今许多身在职场中的人，却对此有所忽略，他们在等待工作的时候，不仅仅是推一下动一下，而且是机械性地去执行，没有想过老板与上司让他做这件事的目的是什么，导致工作做了，却难以获得老板与上司的好感。下面就是一个很值得我们警醒的事例。

部门经理让徐强就上月的工作写份总结报告，并且嘱咐“越详细越好”。徐强非常勤恳，用了3天时间，就将一个月的工作一五一十地写了出来。经理看了洋洋洒洒几万字的报告，只是摇了摇头。原来部门经理的意思是，上级要来检查工作，上月的工作牵涉面又比较广，如人事调动、员工福利等。这些才是要写的。但是，徐强却把经理开过几次会、约见过多少客户等像报“流水账”似地写了出来。部门经理面对这份报告，只能无可奈何地苦笑。批评徐强吧，他确实是按照自己的意图来写的；不批评吧，这样的报告拿出去，的确会贻笑大方。最后，别无他法，徐强只能重写一遍。看来，徐强对于老板的意图并未心领神会。

为了充分领会老板的意图，当接受老板的指示或者嘱咐的时候，应该问得尽可能清楚一些。不要畏惧，应该以探讨式、带有商量的口吻，把老板的意图真正领悟透彻。不要老板简单地说了几句，就以为自己完全理解了。写一份报告、出席一次会议、完成一项任务，老板总会有一定的意图和目的。首先，应该明白这项工作在整个工作中处于什么地位；其次，应该了解老板有怎样的需求和处于什么样的心理状态；最后，应该根据老板的一贯作风和思想来加以完整的理解。

“左也是他，右也是他；这样做不对，那样做也不对”——有如此抱怨的员工，应该首先冷静下来，仔细地考虑一下：究竟是自己按照老板的意思去办了，老板不满意；还是自己对老板的意图理解得不够准确、全面和透彻?

的确，有些老板性格反复无常，自己心中也没谱。其实，若是碰到这类老板，也就有了规律。关键是让自己心平气和，耐心等待，当摸到了老板的秉性和办事规律，事情就容易解决了。

在领会老板意图的时候，有时需要员工进一步询问和商讨；有时需要员工提出补充和修改意见；有时需要员工提供一些信息和其他人的经验教训供老板参考。这样一来，如果老板全部或者部分采纳了员工的意见，那么，员工和领导之间的沟通就会更加全面和完善，办起事来对老板的意图会领会得更加全面、更加深刻。

白领职场攻略

要成为优秀的员工，就应该会对老板的意图进行揣摩，领会老板说话和行动的意图。倘若说话办事违背了老板的初衷，那么，不但得不到老板的欣赏，反而会引起老板的反感，成为一个“吃力不讨好”的人。

6. 给予老板、上司同情和理解

军统天津站的站长吴敬中虽然在权谋上极其有手腕，但是他毕竟是人，同样会遇到难以处理的事。在《潜伏》一剧中有这样的一场戏，就是当吴敬中得知军统局长戴笠要到天津视察工作，并且是为了查处军统内部贪赃枉法的情况后，倍感紧张。他找到余则成示好，余则成也懂事的安抚站长的疑虑，尽收顺水人情。他的这种做法让吴敬中对余则成更是心生好感，从某一方面来说决定了余则成在军统天津站的前途。

余则成的这种做法，放在今天职场，其实就是我们常说的要给予老板、上司同情和理解。确实，在今天，社会进入市场经济时代以后，做每一件事情都要参与竞争，于是，这个时代的最鲜明的特点之一就是竞争。

在这种环境下，谋求个人利益、自我实现也就变成了天经地义的事情。

对于老板而言，公司的生存和发展需要全体员工的敬业和忠诚；对于员工来说，需要获得的是丰厚的物质报酬和精神上的成就感。从表面上看，这两者之间存在着对立关系，其实两者又是和谐统一的——公司需要忠诚和有能力的员工，业务才能正常开展；员工也只有依赖公司才能充分发挥其聪明才智。

为了促进公司的健康发展，每个老板只留用那些最佳员工；同样，每个员工都应该意识到自己与公司的一致利益，只有全力以赴地工作，才能获得老板的信任，在实现公司利益的同时实现自己的个人价值。

一些公司在招聘员工时，除了能力以外，个人品行也是很重要的评估标准。没有品行的人不能用，也不值得培养，因为他们根本无法较好地完成任务。因此，如果一个员工为某个老板工作，要尽可能地真诚、负责，不仅要赞美和感激老板，还要支持他的立场，和他所代表的立场站在一起。

有些老板心胸狭隘，不善于理解员工的真诚，丝毫不珍惜员工的忠心。但是，员工不要产生抵触情绪，不要将自己与公司和老板对立起来。作为员工，不要太在意老板对你的评价，因为老板也是普通人，可能无法对你做出绝对客观、公正的判断。这个时候员工应该学会自我肯定。

老板和员工的关系只有建立在一种制度上才能和谐统一。在一个管理制度健全的企业中，所有升迁都是凭借个人努力得来的。想摧毁一个组织的士气，最好的方式就是制造“只有玩手段才能获得晋升”的工作气氛。管理完善的公司升迁渠道通畅，有实力的人都有公平竞争的机会，员工会觉得自己是公司的主人，会觉得自己与公司完全一体。因此，员工和老板是否对立，既取决于员工的心态，也取决于老板的做法。聪明的老板会给员工公平的待遇，员工也会以自己的忠诚来予以回报。

成功的定律中有这么一条——待人如己。作为员工，应该多考虑老板的难处，给老板多一些同情和理解。这条黄金定律不仅仅是一种道德法则，还是一种动力，会推动整个工作环境的改善。当员工能够待人如己、多替老板着想时，他身上就会散发出一种善意，会影响和感染包括老板在内的所有人。这种善意最终会回馈到自己身上，从老板那里得到一份赞美和理解。

管理一家公司是十分复杂的工作，需要处理各种烦琐的问题。来自客户、来自公司内部巨大的压力，随时随地都会影响老板的情绪。要知道老板也有自己的喜怒哀乐，有自己的缺陷。因此，我们首先需要用对待普通人的态度来对待老板，不仅如此，我们更应该理解那些努力去经营一个大企业的人，他们不会因为下班的铃声而放下工作。

不少人将自己不能获得晋升的原因归咎于老板的不公平，认为老板嫉贤妒能，不喜欢聪明的雇员，甚至认为老板会阻碍有抱负的人获得成功。而事实上，对于大多数老板而言，再也没有什么比缺乏合适的人才更让他苦恼的了，也没有什么比寻找合适的人选更让他焦心的了。

其实，从每一个员工第一天上班开始，老板就对他们进行了用心地考察。他会仔细衡量和分析员工的能力、品格、习惯、人际关系、性情等等。只有当老板认为一个年轻人缺少必要的能力、有不良的习惯和言行举止时，他们才会认为这个年轻人没有前途。毕竟公司是经过自己苦心经营才发展起来的，在大多数情况下，他们不会因为自己的个人偏见而毁了整个事业。在与老板与上司处理好关系时，除了要给予一定的同情和理解之外，还要全力地支持老板的观点。若老板往东，下属偏偏要往西，那么这个下属一定不会有好下场。公司要发展，就要讲究“团结”，就应该全力支持老板的观点。

老板的权威似乎很令人讨厌。有人甚至会认为老板强调自身的权威是脱离群众的表现。其实，它有自身一定的合理性。老板的权威一般可以发挥下面的一些作用：

第一，权威是权力的表现。普遍的观点认为，权威是自高自大、装腔作势的作风。但是，从另一个角度看，权威已经成为许多老板领导和管理下属的有效方法。

权威能够产生距离感。老板正是有意识地同下属保持距离，从而使下属认识到权力等级的存在，感受到来自上级的支配力。对于老板来说，权威对于巩固自身地位，推行自身政策是非常必要的。威严感能形成一种威慑力，使下属主动地选择服从。

第二，权威能使老板产生满足感。任何人都有实现自身人生价值的需要。人的价值观不同，实现价值的程度也不同。老板也需要实现人生价值，从而获得心理上的满足。因此，老板会在下属面前，表现出权威。

第三，权威有利于处理事务。我们已经知道，权威能够产生一种距离感。这种距离感不仅能够给老板带来安全感，而且还为他处理人际关系以及事务提供了回旋的余地。

在不同时间、不同场合，对不同的人施展不同的“权威”能够形成不同的人际距离。许多老板最烦的就是，事情无论大小，都要自己亲手处理，他们希望自己能够抽出宝贵的时间和精力处理更为重大和重要的事情。因此，老板们喜欢利用这种“权威”，来躲避琐事的烦扰，从而将更多的脑力用在谋划大事上。

现在，应该明白老板为什么喜欢玩弄自己的“权威”了吧？既然明白了，就要懂得应该全力支持老板的观点，而不是对抗。

对抗，可能导致下面两种情况：

第一，使老板面子难堪，甚至难以下台。如果老板的观点有不当之处，用对抗来做回应，无疑会使老板的尊严受损，以敌意来对抗敌意。尤其在公开场合，老板更加重视自己的权威，或许他会考虑你的提议，但绝不会允许别人对他的权威进行挑战。

第二，对抗会使老板失去理智。倘若老板觉得威严受损，权威受到了质疑或者挑战，那么，在短时间内，他也许不会考虑是非曲直，只想到如何报复下属。在这种情形下，老板一般会非常激动，甚至恼羞成怒。老板一旦失去理智，权威对抗者就会成为其头号敌人，他势必会或多或少地进行报复。

应该全力支持老板的观点，即使自己的观点是对的，也不要激动，而要注意态度、方式和时机问题，不要顶撞老板，以免引火上身。

白领职场攻略

员工们应给予老板更多的同情和理解，即使老板并不是一个领情的人，但作为员工，依然要设身处地地为老板着想，因为同情和宽容是一种美德。

DI JIU ZHANG

第九章

有所为有所不为，警惕职场雷区
——看《潜伏》学习如何走出职场的可怕误区

在《潜伏》一剧中，有着像是在现今职场中优秀员工代表一样的余则成，也有着许许多多如马奎、陆桥山等一些在现今职场上可以算不成熟的，或者是不受欢迎的人。从余则成的身上，我们可以向他学习怎样走向优秀；而从另外一些人那儿，我们得到的却是有益的教训。

1. 情绪绝对起不到任何正面作用

在《潜伏》一剧中，与余则成相比，翠平是一个较容易被情绪所控制的人。在开始的时候，正是因为她的这种情绪给余则成带来了很大的麻烦，甚至让余则成认为她是一颗放在自己身边的炸弹，随时都可能会爆炸。她的这种情绪确实给余则成的工作带来了很大的危害，就连左蓝也因此而牺牲，不过，左蓝的牺牲让她认识到了自己的错误，知道了自己的情绪所带来的危害。

情绪是绝对起不到任何正面作用的，只会给我们带来负面的影响。许多的成功者，他们与普通者之间最大的区别，便在于前者比后者懂得自制，并一致认为在工作中闹情绪是非常有害的。

在哈佛大学，曾经有过这样一个故事：

一向为大家所爱戴的教务长伯立格先生，有一次问一个学生，为什么他没有把指定的功课做好。

那学生回答："我觉得不太舒服。"

教务长就说："史密斯先生，我想，有一天你也许会发现，世界上大部分事情，都是由觉得不太舒服的人做出来的。"

让我们一同来想想上面那位教务主任所说的话，再想想现实不就是这样吗？确实，如果我们要将事情做得更快更好的话，就必须善于控制自我的情绪，尤其是不要将情绪带到工作中，因为那样是没有任何益处的，唯一的作用便是让我们被情绪俘虏，深陷情绪泥沼，而把时间以及良好的机会白白的浪费。如此一来，怎能在最有效的时间内将工作做好呢？可是，在很多的时候，我们却对此并不怎么在意。

一天，某位企业培训讲师来到一家商店出售手套的柜台前，和受雇于这家商店的一名年轻人聊天。那个年轻人告诉讲师，说他在这家商店服务已经4年了，但由于这家商店的“短视”，他的服务态度并未受到店方的赏识，因此，他目前正在寻找其他工作，准备跳槽。在我们谈话时，有位顾客走到他面前，要求看看帽子。这位年轻店员对这名顾客的请求不理不睬，一直继续和讲师谈话，虽然这位顾客已经显出不耐烦的神情，但他还是不理。最后，他把话说完了，这才转身对那名顾客说：“这儿并不是帽子的专柜。”那名顾客又问，帽子专柜在什么地方。这位年轻人回答说：“你问那边的服务员好了，他会告诉你怎么找到帽子专柜。”

4年多来，这个年轻人一直站在一个很好的机会上，但他却不知道。他本来可以和他所服务过的每个人结成好朋友，而这些人可以使他成为这家店里最有价值的人，因为这些人都会成为他的老顾客，而不断回来与他交易。但是，对顾客的询问不理，或是冷冷淡淡地随便回答一声，是抓不住任何顾客的。

伟大的生活基本原则都包含在最普通的日常生活经验中，同样，将事情做得更快更好的真正机会，也经常藏匿在看来并不重要的生活琐事中。你可以去询问你所遇见的任何10个人，问他们为什么不能在他们所从事的行业中获得更大的成就，这10个人当中，至少有9个人会告诉你，他们并未获得好机会，以致没有能更快更好的将自己的工作做好。但是你可以对他们的行为作一整天的观察，以便对这9个人作更进一步的正确分析。我敢保证，你将会发现，他们在这一天的每个小时当中，正不知不觉地把自动来到他们面前的良好机会浪费掉。

白领职场攻略

要想事情做得更快更好的话，就必须善于控制自我的情绪，特别是不要将情绪带到工作中，因为情绪的唯一的作用便是让我们被情绪俘虏，深陷情绪泥沼，而把时间以及良好的机会白白的浪费。

2. 不要拉帮结派，排挤竞争对手

在《潜伏》中除了余则成之外，还有一个人要说的就是身为军统天津站情报处处长的陆桥山。只不过，他在这儿充当的是反面教材，而他所作的一些事情，拉帮结派，排挤竞争对手的做法，是我们在今天的职场环境中坚决不能犯的。

陆桥山在《潜伏》中确实是一个较为失败的人物，他工作的主要职责其实是刺探情报，可是他太过于追求名利，他一直在排挤同僚马奎和李涯。他的脑子里只有如何当上副站长这一目的。为此陆桥山采取了种种违反纪律的手段。为了搞垮竞争对手李涯，他总是故意通知李涯错误的行动时间，让李涯次次扑空。最后，急眼的李涯在旅馆里布下自己的人，用监听设备记录了陆桥山故意破坏情报站抓捕工作的言谈。陆桥山不但没有升官，连工作都丢了。

从陆桥山的身上，我们可以看出在一个集团中，过分的追求名利，并且拉帮结派的话，最终受害的只是自己。而在现今职场中，却同样有许多的人犯同样的错误。

在公司里，徐丽玲和另外一个销售员张雅静的业绩总是不相上下。公司里的同事和领导谁都看得出来，她们两个人是在暗自竞争，而且谁都不服输。

最近，她们销售部的经理因为部门业绩好而被提升，这样一来，销售部经理的这个职位，有可能就会空下来。那么，有谁会来坐这个位置呢？现在公司还没有明确表态。但根据业绩考核，徐丽玲似乎占有微弱优势。

张雅静看在眼里，急在心里。她觉得，短期内在业绩上很难超过徐丽玲了，所以，她开始注意拼命拉拢办公室里面的人。比如，每次上班，她都会买来各种点心，给同事们吃。试图通过类似的方法让他们到关键时候来拥护自己。

没过多久，张雅静又听说董事会有倾向任命徐丽玲的意向，她简直急得像热锅上的蚂蚁。

“不行，我要把她的名誉搞臭，只有这样，才能把她给踢下去。”张雅静这样想着。于是，她就利用自己的小帮派在办公室里面宣扬起来。“什么？你说徐丽玲离过两次婚？而且，现在的丈夫还在外面有情妇？”人们都有些吃惊地问道。

“是的，你们想想看，像她这样连自己老公都搞不定的女人，能有足够的能力来管理这个部门吗？而且，我告诉你们啊。还远远不止这些，你们知道徐丽玲的业绩为什么那么好吗？因为她和那些大客户们都有暧昧关系。”好事者又添油加醋。

这又让其他人吃了一惊，怀疑地问道：“什么，你说徐丽玲为了业绩而出卖色相，这怎么可能？”

于是，这件事就闹得沸沸扬扬，不仅整个公司员工都知道，连高层领导也都知道了……

就在第三天，公司召开大会，张雅静收到了一张被辞退的通知。

像例子中这样在办公室内拉帮结派，排挤竞争对手的情况并不罕见。采用拉帮结派的手段来排挤对手，其原因还是为了在竞争中取胜。诚然，晋升是每个人都想要的，无可厚非，但晋升要讲究一个“道”，也就是要依据公平竞争的规则，光明正大地来进行，像以上案例中张雅静使用的旁门左道的方法，是每一个正直的职场人士应该摒弃的。

现代社会，竞争无处不在，生活中几乎每个人都有对手。这些对手很可能就是你身边的同事、朋友，采用怎样的态度去对待这些竞争对手，看起来似乎是一件小事，但却决定一个人的成败。许多人在与对手竞争时，都陷入了一种观念上的误区，那就是把对手视为敌人，不择手段地进行打击，以达到取胜的目的。

某公司的老板彭总的秘书出国深造后，要从公关部挑选一个秘书。最有希望补缺的是夏小姐与丁小姐。

能成为彭总的秘书，就意味着长工薪、有车坐，出入各种高层次的社会场合，身价升值如同直线上升的绩优股！而且，若能得到彭总的赏认，就有出国深造的机会！这样的一个肥缺，谁不望眼欲穿？夏小姐与丁小姐两人，都明白对方是自己补缺的强劲竞争者，于是，原本要好的俩人关系渐渐开始紧张。她们各自也都开始拉拢身边关系近的同事，明争暗斗一直不断。

在周四的例会上，夏小姐和丁小姐相互损了对方一番。夏小姐说丁小姐什么方面都不比她差，就是眼皮是单的！丁小姐说夏小姐什么方面都比她好，就是胸部太过平坦，平坦得能当乒乓球台！她俩这样一攻击，倒也提醒了对方。于是夏小姐与丁小姐都悄悄地进了美容院，一个作割双眼皮手术，一个做隆胸手术。

接下来的一周，夏小姐与丁小姐都因病请假。

两人上班后，彭总让助理通知夏小姐丁小姐到总裁办公室。坐定后，彭总问丁小姐为何不摘下墨镜？丁小姐说正患眼疾，夏小姐便迅速地伸手摘了丁小姐的墨镜对彭总说：她没患眼疾，而是割了双眼皮！彭总看了一眼丁小姐，叹道，好好的一双丹凤眼，割什么双眼皮嘛！这一声叹，之于丁小姐，犹如天空的一声炸雷！她明白，在这一声叹中，自己补缺的可能性已不存在，于是，情绪失控地一肘击到夏小姐的胸脯上，只听砰地一声闷响后，就有腥味的盐水湿了夏小姐胸前的衣服！夏小姐痛得大叫道，彭总她竟施毒手暗算我啊！当彭总明白了所以然后，气得脸色铁青，但还是让助理叫了辆救护车。……

我们要想在职场有更大发展，就必须正确地认识和对待竞争，不要像上面两个人那样，为了达到自己的目的而费尽心机、不择手段地去损害别人的声誉甚至身体。

白领职场攻略

竞争无非是胜负两种结果，有好多人在竞争中总是不择手段，其实这根本没有必要。因为，我们的竞争对手一般都是同事，在工作上是搭档，在生活上是朋友。每个人也都是平等的，在竞争中，总会有人成功，也肯定会有人失败。在同事之间，如果是别人胜了，我们就要向他祝贺，然后找出自己的缺陷和不足，也为自己以后的胜利奠定坚实的基础。

3. 不要在上司的眼皮底下做小动作

在《潜伏》一剧中，人高马大的马奎一亮相就令人感到毛骨悚然。他怀疑余则成的身份却头脑简单。他发现站长吴敬中跟汉奸穆连成秘密接触，中饱私囊，而中共军调代表邓铭又是穆连成的同学。因此私下调查站长是否受贿以及通共，最终中了余则成和左蓝设下的反间计，也失去了自己阵营的信任。他犯了职场中的大忌，最后落得那样的结果也在情理之中。试想一下，又有哪个老板和上司会喜欢并重用这样的员工呢？

然而，在现今的职场中，却屡屡有一些人犯这样的错误，以至于在职场上惨败。下面所说事例中的小王就是其中的典型。

小王在一家行业网站工作。去年下半年，网站新组建了一个频道，小王也成为了频道员工中的一员。因为频道的工作内容是公司以前没有涉及过的，所以，网站总监就高薪聘请了一位主管。新主管能言善辩，很自信。但过了一段时间，大家发现他的业务能力并没有他自己刚来时自诩的那样好。他很会拉拢人，许多员工都被他笼络得团团转。不久，这个频道俨然就成为了一个独立王国。由于主管全权负责频道的所有工作，有时候在管理上十分松懈，新主管隔三差五地迟到早退，对下面人员的要求也是松松垮垮。而总公司要来视察时，他就让大家做足表面工作，“秀”一把。还有一点是，自从他来了以后，公司里小道消息不断，谣言满天飞。上层内部的一些矛盾也传到了下面，什么这个拉帮结派，那个要另立山头啦。总之，上上下下，一派乌烟瘴气。

小王和其他人本以为总监是个眼里揉不得沙子的人。要说以总监的精明，他丝毫没有觉察，只有傻子才会相信，但他就像个傻子好像浑然不觉，反而愈加器重新来的主管。于是大家都认为是主管的后台硬，让总监也不敢拿他怎么样。

一天下班后，新主管的一位铁杆追随者煞有介事地对大家说，总监给新主管长了一倍的工资，还说频道要有一个大项目，都是他拉来的，公司就指着这笔业务上一个更高的台阶呢。可总监不够意思，答应了新主管，又说公司资金紧张，长工资一时半会儿还不能执行，并许愿年底赚了钱肯定兑现。

之后的一段时间里，在各种场合，新主管的骄矜之色愈浓，而总监的谦卑之色愈重，好像新主管真是不可或缺的顶梁柱，而一些人也趁机讨好新主管，拍尽了马屁。

过完春节假期，来到公司，所有人才知道那位新主管被辞退了。第二天，接替主管的人就上班了。

之后一个月，频道进行了大换血，曾经和那位主管关系密切的几个人都被裁掉了，一切变化都应对得有井井有条，好像早已计划好。这时人们才恍然大悟，总监对频道的情况是了如指掌啊。更可怜的是那些被表面现象迷惑的人，押错了宝，风风火火地跳出来表演，白白做了垫背的。恐怕很早以前，总监就在为今天做准备了。

小王的事例进一步告诉了我们，在职场中任何一名身居上司位置的人，都不可能是傻子，他们都是从职场中一步步走出来的，可以说对一些职场中的现象以及手下人的举动都是“门儿清”。如果你觉得上司无能，自作聪明地玩一些“小动作”，那你迟早是要吃亏的。

白领职场攻略

想扳倒自己的顶头上司而上位，相信是哪个上司也不能容忍的。对上级和同事处处怀疑，失去朋友也失去了后援。

4. 忠诚并不是没有任何条件的服从

李涯是个有趣的人物，他在《潜伏》里是余则成挥之不去的顽敌，却博得了很多观众的“好感”，被认为才是全剧最坚定的战士，因为他有着比余则成更坚定的信仰。余则成的环境更容易保持忠诚和信仰，因为他有和他一样坚定的战友并肩作战。而李涯的四周上上下下都在内斗、捞钱，他就是孤独的一个人在战斗。他还要冒险去调查自己的上司，虽屡战屡败却从不放弃。作为国民党埋在延安的秘密武器，他还没有施展拳脚便暴露了，心中自然有壮志未酬之感。而在天津站，他一心一意要揪出余则成的尾巴，却被自己的同伴拖了后腿。当被余则成狠狠抽了一个嘴巴之后，李涯哭了，那是委屈、也是绝望。李涯是典型的反面模范人物，这样的人物往往比正面人物更加有层次感，更容易引起观众的共鸣。接替马奎出任行动队队长的李涯原本潜伏在延安，是代号“佛龛”的国民党特务。他愚忠愚孝，与余则成斗智斗勇，同时还与陆桥山明争暗斗。可惜，他的信仰错了，忠诚的对象也错了，所以人生也就错了。

然而，在现今的职场中，却有许多职员，他们就像是李涯一样的忠诚。然而他们却在很多的时候就像是剧中的李涯一样，所信仰的和忠诚的对象错了。一点不错，老板喜欢忠诚的员工，忠诚也是我们在职场中获得良好发展的一项基本要求，但是要注意的是，忠诚并不是愚忠，服从也不是盲从，也就是说忠诚并非是没有任何条件的服从。有许多的人在接受上级的命令时，不加任何分辨，也不管对错，更不会考虑到这样做会给整个公司带来怎样的影响，都会按着上司所说的去做。这种现象就是愚忠。在现实生活中，把愚忠当作忠诚的人不少。

为什么会出现这种情形呢？这一切都在于有的人狭隘地理解忠诚，认为忠诚就是向老板效忠，像一只狗效忠它的主人那样，并且是无条件地效忠。他们认为忠诚于老板就是绝对听老板的话，不论老板对与错。在企业里，很多员工在老板面前唯唯诺诺，老板说一他也跟着说一，老板说二他也跟着说二，心中虽然有自己的看法，但不敢说出来。有时明明老板是错的，他们也大呼老板伟大、老板英明。他们以为，完全和老板的论调保持一致就是忠诚，完全听老板的话就是忠诚，奴性十足就是忠诚。更有人把忠诚与拍马屁混为一谈。他们对老板阿谀奉承，凡事都只图老板开心，工作中总是报喜不报忧。

有一家大公司的总经理，他需要招聘一位总经理助理，限男性。

经过多项技能的考察之后，一少部分人进入了决赛阶段，这位总经理称决赛主要是考察应聘者的勇气和忠诚度。这批人集中在公司接待室里，由总经理一个接一个叫去应考。

第一位男士被叫进总经理的办公室，他满怀信心地接受考察。总经理把他带到一个房间，房间的地板上洒满了碎玻璃，尖锐锋利，让人胆寒。“脱下你的鞋，从房间的这边走到那边，把那边桌上的表格填好后交给我！”总经理说。这位男士毫不犹豫地脱了鞋，忍受着剧痛从碎玻璃上面踩过去，当他把表格交到总经理手中时，他的双脚已是鲜血淋漓。然而，总经理看也没有多看他一眼，只对他说：“去等候通知吧。”

第二位男士被总经理带到了另一间锁着的门前说：“房间里有一张表格，你去把它拿出来，填好后交给我。”这位男士推了推门，发现门是锁着的，表示需要一把钥匙。总经理说：“用你的脑袋把门撞开！”这位男士心想总经理要考察的是勇气，绝不能在总经理面前表现出软弱来，于是，他不由分说地用头撞门，直撞得头破血流，才把门撞开。然而，他得到的依然只是一句“去等候通知吧”。

就这样，一个接一个的“勇士”接受了总经理的考察，但都没有得到明确的录用答复。

当最后一个男士被叫到总经理办公室时，他被带到一个房门前，房间里坐着一个虚弱的老太太。总经理对他说：“去把那个老太太打倒在地，然后把她手中的表格拿到，填好后交给我。”

“你疯了吗？总经理！为了一张表格，就让我把老太太打倒在地！”

“我是老板，这是命令！”

“这样的命令毫无道理，你简直是个疯子，这份工作我不要了！”

总经理什么也没有说，又先后把这位男士带到有碎玻璃的房间前和紧锁着的房门前，但他的要求都遭到了这位男士的严厉拒绝。最后，这位男士非常气愤，准备立即离开这里。这时，总经理极力留他，并向众人宣布，这位男士被正式聘用了。

那些伤痕累累的“勇士”非常不服气：“他什么伤也没有受，算什么勇士啊！”

总经理说：“真正的勇士是敢于为正义和真理献身的人，而不是一味地听老板的话。你们所表现出来的，既不是真正的勇气，也不是真正的忠诚，而是愚忠！我要的，不是愚昧地只忠于我的人，而是敢于坚持真理的人！”

几乎在每一个企业里，都有那么一小撮“小人”，他们利用老板的弱点，用伪装的“绝对忠诚”骗取老板的信任，但私底下却在挖老板的墙脚。还有一些人，虽然心中没有挖墙脚的坏念头，愚忠只是为了换得老板更多的施舍，但是，并不等于他们就不可怕。尤其是当老板决策错了，他们却一声不吭时，其后果更是不可想象，这可能让整个企业掉入深渊。

真正的忠诚，不只是对老板的忠诚，更不仅仅是听老板的话。什么是忠诚？忠，就是忠心不二，赤诚无私；诚，就是思、言、行一致，不欺人，不自欺。员工对企业的忠诚就是对企业忠心不二，所言、所行都想着如何促进企业的发展，把企业的发展看成自己的真正的快乐，通过企业的发展实现自己的成功。

员工的忠诚并不能以呆在企业的时间长短来计算。员工的忠诚体现在自觉维护企业利益上，自觉践行企业文化上，还体现在忠诚领导上（服从领导，主动、创新的完成工作，为领导思考问题、排忧解难）体现在对顾客的诚心服务上等等。只有员工对企业忠诚，企业才能创造价值，也才能承担各种责任，员工才能快乐的成长与成功。

职业忠诚是一种对事业的献身精神和忠诚意识。它要求职业工作者必须热爱自己所从事的工作和所献身的事业，竭诚地为之奋斗，并将自己的一生与其所从事的事业联系起来，在事业的成功中实现人生的价值。

全球人力资源管理服务和咨询公司翰威特的研究指出，职业忠诚可以分为三个层次：第一层是乐于宣传（Say），就是员工经常会对同事、可能加入企业的人、目前的与潜在的客户说组织的好话；第二层是乐意留下（Stay），就是具有留在组织内的强烈欲望；第三层是全力付出（Strive），就是员工不但全心全力地投入工作，并且愿意付出额外的努力促使企业成功。

职业忠诚集中表现为人们对事业和工作的爱。劳动与工作是人类社会产生和发展的前提条件，也是每一个有劳动能力的普通公民的基本义务，是一切财富的源泉。对劳动的热爱，对工作的热忱，常常会超越个人的私欲，将自己从事的职业看成是民族大业和国家大业的一部分，哪怕是点滴的成功，都与大业息息相关，“创业守业皆须敬业，国情世情总关我情”。因而以此为乐，以此为荣。

愚忠是不可取的。真正的忠诚，是行动而不是语言，真正的忠诚并不是放弃自己的个性和主见，并不是绝对和老板保持一个声音，更不是卑躬屈膝。我们要记住的是，这种忠诚是以公司的整体利益为基础，以公司的整体发展为前提的忠诚，而不是没有任何条件，不加以任何辩解，没有任何思维的“忠诚”。因为，老板他们投资开办企业的最终的目的是要让企业能够得以发展，如果我们的忠诚是毫无辨析，不做任何思考的服从，任何一个明智的老板，都会像上面事例中的总经理那样，抛弃那些不顾正义一味效忠的人。

虽说愚忠者，在短时间内可能会得到老板的信任，但时间一长，这些人必然会被老板抛弃。因为，能够成为老板的人，绝对不会是傻瓜，只有傻瓜才会心甘情愿一直被骗。那么，怎样做到真正的忠诚呢？以下便是一个真正员工的真正表现。

1）具有无私的奉献精神，在个人利益上不会斤斤计较。

2）勇于承担责任，有任务不推诿，工作出现失误不找借口。

3）总是站在公司的立场上开展行动，即使在无人知道的情况下，也会主动维护公司的利益。

4）绝不利用职权或职务之便为自己谋取私利。

5）忠心不表现在口头上，而是拿业绩来证明自己是忠诚的。

严格按照上面所叙的五种表现，看看自己在工作中的表现，来检验一下自己是否是一个真正忠诚于公司的优秀员工吧！如果，你有所欠缺，就一定要赶快加以改正，因为，只有真正的忠诚才是你游刃职场，获取更好发展的利器。

白领职场攻略

真正的忠诚，不只是对老板的忠诚，更不仅仅是听老板的话。忠诚应该包括对国家的忠诚，对社会的忠诚，对企业的忠诚，对老板的忠诚，对上司的忠诚，对同事的忠诚，对职业的忠诚，对自己忠诚，对朋友忠诚，对家庭忠诚等多方面。作为一个企业的员工，对自己的职业忠诚，是最基本的忠诚。

5. 再有能力也不要孤军奋战

李涯能干，连站长都欣赏，可是他始终提不上去，主要原因就是他容易冲动，不懂得收敛锋芒维护关系，以至于和陆桥山争得水火不容，虽然最后把陆桥山搞下了台，但他自己也没得到什么好处。没有人缘，也就没人支持，孤掌难鸣，因此李涯没有朋友没有可倚重的领导，只有一帮无能的手下。在事业上有所成就的人一定是有着良好人际关系的人，相反人际关系不佳者很难取得成功，而且，即使他们获得了一定程度的成功，也很难体会到成功的快乐，因为没有朋友与他们分享这份快乐。

不爱交朋友的人很大程度上是因为把自己禁锢在了自闭的心态当中，不善交际和缺乏交际手段倒不是最重要的原因。一个人如果总是处于自我封闭的状态下，那么他的人际关系必将受到严重的负面影响，一个有着积极交往意识的人，一定比其他人更容易创造良好的关系网。

另外，自我封闭的人还有某种程度上的自我中心倾向，不把人际关系中出现的问题归到自己身上，而是喜欢归咎于别人。大家当然不愿意与这样的人有更多的交往，于是，不爱交朋友的人更交不到朋友了，造成了恶性循环。

俗话说“一个篱笆三个桩，一个好汉三个帮”。将自己封闭起来，对自己事业的发展是极为不利的。我们在竞争激烈的职场中打拼，身边没有几个朋友是绝对不行的。一个人的成功离不开周围人的帮忙和扶助，而朋友无疑是你身边最有力的支持之一。可以这样说，一个人的朋友越多，他成功的机会就越多。学会协调周围的人际关系，多几个朋友，少几个敌人，对一个人的事业成功，有着至关重要的作用。

多结识朋友，建立良好的人际关系，有助于在职场顺利地开展工作，也有助于整个团队事业的顺利完成。人际关系就像工作中的润滑剂，如果缺少润滑剂，人们就很难克服工作中的种种障碍，严重时还可能被这些障碍摧垮。相反，如果有了这一润滑剂的润滑和疏导，人们在面临困难时就会得到他人的支持和帮助，克服种种困难，达到成功。因此，在这儿提醒那些在工作中喜欢做“独行侠”的人，千万不要妄图靠自己一个人的力量，来完成所有的工作。而是应该摒弃“独行侠”的思想，树立与人合作的意识，才能事半功倍。下面提供了一些独特的方法，可供大家参考：

1）别让自己高高在上，以免遭致他人的妒忌。心理学研究告诉我们，妒忌是人类的本性之一，只不过有的人会表现出来，有的人却把它藏在心底。妒忌无所不在，特别是在同事之间更容易产生这种心理。

当你升了职、加了薪，或者仅仅是受到了老板的口头表扬，那么，同事们的妒忌之心就油然而生了。因此，在职场上，一旦得意了，千万要注意观察同事们对你的不同反应，了解谁对自己产生了嫉妒之心。一般地，心存妒忌的人，在言行上对你都会有异常，你要善于发现。对此，你需要采取的行动是：

第一，不要过分炫耀自己的“得意”，以免刺激别人，激起他们的妒忌。

第二，把姿态放低，对别人要更有礼貌、更谦逊，千万不可以有轻视对方的态度。这样做有助于削弱别人对你的妒忌，因为你从某种程度上满足了他们的自尊心。

第三，在适当的时候，有意识地暴露一些对自己无伤大雅的短处。这也满足了妒忌之人的自尊心和虚荣心。

第四，和妒忌自己的同事沟通，诚恳地寻求与他们的合作机会，与此同时，还要赞扬对方有而自己没有的长处，这样可以消除一些妒忌。

如果自己对别人存有妒忌，千万不要让它成为一种破坏力量。应该从思想和行动上重视起来，想方设法超越别人，这才是最佳的选择。

2）寄人篱下，要低头。“寄人篱下”，就是自己处于职场的某一势力范围之中，并且靠此势力生存。在初涉别人的势力范围时，会受到很多有意或无意的排斥和欺压。“低头”的目的是为了使自己和身处的环境和谐，把与团队成员之间的摩擦降至最低；是为了积聚自己的能量，走更长的路；是一种处事的智慧。

3）让自己为别人所用。勇敢诚实、为人大方的人，谁都喜欢。于是，发挥自身勇敢诚实、为人大方的品质，不失为一种做人的技巧。而较此更受欢迎的是“有利用价值”的人。

古语云：天生我才必有用。确实，并不是每个人都能成为“栋梁”，但我们每个人都可以“为人所用”。

应该针对什么样的人或者什么样的事情，发觉自己对此人或此事有何作用，利用这些“作用”来换取对方可能对你同样有用的东西。这并不是一种功利思想。在人际交往中，“互相的作用”是最能建立和增进友谊的，不要吝啬自己对别人的作用。

白领职场攻略

社会在发展，现代职场更加需要具有协作精神和团队意识的人。所以，作为职场人士的你，必须改变自己孤立的态度，多交朋友，细心打造自己的人际关系基础，这样才能在事业上拥有坚强的后盾，在职场之路走得更加顺畅。

6. 越级汇报让老板头痛上司烦

军统天津站的马奎为了得到副站长的职位，可算是费劲了心机，但是最终还是让希望成为泡影，这是由于他犯了一个不该犯的禁忌，收集上司吴敬中的材料，准备越级上报。在现今的职场中，一些人经常会犯类似的错误，现在就让我们一同来看一个事例。

从吉林大学中文系毕业的吴雄，应聘到一家报社担任副刊编辑。没过不久，由他编辑刊发的不少文章被国内多家媒体转载。他自己还勤奋创作，先后在省内外报刊发表了大量作品，引起业内人士的关注。由于吴雄越来越受到同事及读者的重视，编辑部主任慢慢地感到了他对自己的威胁，开始排挤吴雄，并时常故意对他的合理性建议不予采纳。

吴雄不仅勤奋多才，而且在工作中具有很强的开拓精神和创新意识。由于和主任关系的紧张，他的许多想法无法付诸实施。于是，他干脆越过主任直接去找总编，谈他的计划、设想，希望能得到总编的支持。

结果，吴雄的计划不但没能得到支持，还引起了主任强烈的反感。他和主任的矛盾严重深化，总编从大局着想，最终把他调到别的部门。别的部门不能发挥吴雄的特长，他只好辞职不干了。

越级汇报是企业员工经常犯的错误，他们遇到不如意的上司，就天真地以为越级汇报就能很好地解决问题。殊不知，这反而把事情弄得更糟。就拿上面的案例来说，对于总编来讲，在吴雄和部主任之间，他不能不考虑中层干部的威信、情绪等因素，不能不维护管理制度的正常执行。再者，打越级报告对其他的员工会造成负面的影响。作为主编，权衡利弊，只好调走吴雄。

可见，向更高层或老板打越级报告对自己是没有好处的，因为打越级报告暗示主管与员工间的矛盾已十分尖锐，调节的可能性不大，老板必然洞悉这一点。他认为两者不能共存于一个部门，在二者选其一时，低级员工必成淘汰对象。此外，老板必须维护管理阶层。虽然低层员工说得有理，他也不会随便惩罚有错误的主管。即使做出处罚，大多会各打五十大板，不会对主管造成太大影响，但对低级员工的影响就大了。况且打越级报告的人，事实上破坏了公司的作业程序，使老板头痛。就算侥幸成功，老板也会认为该员工有不忠的性格。所以，一定要记住：打越级报告不可取，就算是在迫不得已的情况下采用，也一定要注意照顾自己顶头主管的尊严和威信，毕竟你是属于他直接“管辖”的。这种可能会断送前途的事一定要谨慎。

很多员工年轻气盛时都可能犯过这样的错误：当自己和顶头上司产生矛盾时，就直接向更高一层的老板去报告，以让其“主持公道”。可谁知最后的结果却往往不尽如人意。其实，最好的方法在于自己灵活处理，化解矛盾，最终干好工作。

白领职场攻略

有些员工遇到不如意的上司，就天真地以为越级汇报就能很好地解决问题。殊不知，这反而把事情弄得更糟，因为越级报告暗示主管与员工间的矛盾已十分尖锐，并且打越级报告的人，事实上破坏了公司的作业程序，会让老板觉得头痛，并且在老板心中留下不忠诚的印象。

7. 忽视老板权威被穿小鞋

《潜伏》剧中的李涯，是余则成唯一的劲敌，无论是从余则成所肩负的组织上的任务，还是在军统天津站来说，都是如此。他有着坚定的信仰，较强的执行力以及一定的才干，然而，他最终还是败在了余则成的手下的原因，除了上面所说的他的信仰上出现了问题之外，还有一点，就是他在做一些事情时，并没有同吴敬中做任何的商量，在独自行动。拿现代的话来说，就是他忽略了老板与上司的权威，这样，他即便表现得再出色，又怎能得到上司吴敬中的好感呢?

在现今职场上，一些人，他们虽然有能力，但是在很多时候，会犯李涯一样的错误，以至于虽然所做的事情不少，却不能得到重用。

“糟了！糟了！”赵总放下电话，就喊了起来，“那家便宜的货物根本不合规格，还是原来王老板的好。”“可是，我怎么那么糊涂，给他发的那封函写得太不客气了，这下麻烦了！”“是啊！”助理刘小姐转身说：“我当时也说要您先冷静冷静再发函，您不听啊！”

“都怪我被气昏了头，应该想到那家的货一定有问题，要不然价格怎么会那样低。”赵总来回踱着步子，指了指电话：“把电话告诉我，我亲自打过去道歉！”刘助理一笑，走到赵总桌前：

"不用了！告诉您，那封函我根本没发。""没发？""对！"刘助理笑吟吟地说。"嗯……"赵总坐了下来，如释重负，停了半晌，又突然抬头："可是我当时不是叫你立刻发出吗？""是啊！但我猜到您会后悔，所以压下了。"刘助理歪着头笑笑。"压了一个月？""对！您没想到吧？"刘助理很是得意地说。"我是没想到。"赵总低下头去，翻记事本，"可是，我记得那天是叫你发，你怎么能压着不发呢？那么最近发上海、广州几个客户的函，你也压了？""我没压。"刘助理不无得意地说："我知道什么该发，什么不该发……"赵总先前兴奋的脸阴沉了下来，他没说什么就走开了。可是不久之后，刘助理被调到了下属部门，成了普通职员。

刘助理被莫名其妙地下放，一定会觉得十分委屈，自己为公司做了一件好事，为什么却得到如此下场？其实，她犯了职场大忌：替上司做决定。她这样做让上司觉得自己的权威受到侵犯，感到自己好像被愚弄了。他当然不会让这样的下属经常待在自己身边。

如果某件事情本来应该由你的上司来做，而你却因为他不在或者别的原因，在没有获得他认可的情况下悄悄地做了，你也许会因此得到更高一层领导的赞赏，但是在你的上司的眼里，你却会成为一个越权的人，而被越的，恰恰就是你的这位顶头上司。那么，你的顶头上司会认为你目中无他这个上司，会认为你的行为已经威胁到他的地位了，因而他会对你"另眼相待"，你日后的工作将因此而步履维艰。

一个公司像一部复杂而严密的机器，钉是钉，铆是铆，每一个部件都在一个固定的部位发挥着不同的作用，以保障整部机器的正常运转。虽然一个优秀的员工必须具备全局观念和主动精神，但这有个前提：首先保证自己的工作已经圆满完成。但在企业里，恰恰有一部分人为了突出自己，老是喜欢搞越级活动，这些人大部分带有对自己顶头上司的某种不信任或者不服气。这样做的结果就扰乱了公司的正常工作程序，造成人为的关系紧张，反而影响了工作效率，更会影响到自己的晋升之路。记住，有什么问题尽量和你的顶头上司沟通，没有人会无缘无故地成为你的顶头上司的。你上级的上级也不一定完全听信你的，那等于变相承认自己的用人失误。

任何一个管理者都不希望自己的权利受到损害。作为老板，即使自己的决定是错误的，他也不会允许自作主张，擅自改变决定。聪明的下属会想方设法让老板自己决定，用高超的技巧既改正了错误，又保住了老板的权威和面子。

现在企业里有一些企业员工，感觉自己的工作能力很强，感觉自己就是上级领导肚里的“蛔虫”，这样的态度是错误的，正确的态度如下：

（1）要处理好这样的事情，你必须明白自己的权限。你应该明白，每个人都有一种权力心理，如果你认识到这一点，就应该尽可能地积极地配合好你的上司的权力表现，将你的任何决定都让你的上司了解，并征得他的同意，那么你在你上司的心目中就是一个懂得尊重他的人，一个能干的人，那么他对你的回报自然而然也就是信任与重视。这样一来，你的工作将一路绿灯，你的事业也将飞黄腾达。

（2）别自作聪明，要懂得韬光养晦。自作聪明的人有很强的表现欲，容易洋洋得意，遇见一些本不该自己决定的事，就习惯性地做出决定，以显示自己多么的能干。这样的人很容易犯“替上司做决定”的错误，从而断送自己的职场之路。明智的做法是要懂得韬光养晦，多请示汇报，既干好自己的工作，又帮上司干好工作。

白领职场攻略

在内心深处，谁都希望自己是一个重权在握的人，可是手握重权的毕竟只是极少的一部分人。如果你手中并没有掌握你所期望达到的权力，而要运用这样的权力去处置一些你本无权处置的事情，这对你来说并非一件好事，即使你把事情处理得非常好，也同样会引起上司的不快。

8. 千万不可忽略身体的健康

在观看《潜伏》一剧时，经常会看到这样的场景，那就是余则成和翠平虽然要务在身，但也少不了推杯换盏。翠平初到天津城，吃不惯沙拉牛排，当众点了一份热面条。在家里翠平也没少给余则成下面条、包饺子。就连余则成去晚秋家里偷情报的头天晚上，两家人还一起涮肉呢。这些场景、画面总是在有意无意中向我们传递着这样的一个信息，那就是“身体是革命的本钱，”只有身体健康才能更好的工作，才能实现自我的理想和价值。可是，如今的一些身在职场中的人动不动就以工作忙为借口不好好吃饭，余则成和翠平，工作压力和精神压力都远甚于我们，可他们再忙也要好好吃饭。试想，余则成要是毛病不断成天跑医院，这得耽误多少革命工作啊。

虽说拥有健康并不等于拥有了一切，但是失去了健康却等于失去了一切。很少有人会彻底明白身体与事业的关系是何等重要。“身体是工作的本钱”，若想在人生的历程中获得胜利，首要的条件，就是每天都能够以一副体强力健的状态，去向一切迎战。

可是，有很多人有志成大事，只因为没有强壮的体力作后盾，而酿成了壮志未酬身先死，遗憾终生的惨剧。也有很多人拥有强壮的体力却不知谨慎，将精力任意挥霍在无意义的地方，从而摧毁了珍贵的“成功资本”。以有气无力之躯支撑着事业，这样的人是不明智的。

一个常年鏖战于商场的朋友，为了不断拓展的事业而长期在外奔波，忽略了妻子的温柔，忽略了儿子的成长，而他还满心骄傲地以为自己的不辞辛苦让亲人过上了一天强似一天的日子。

忽然有一天，积劳成疾的他被送进了医院，诊断结果为癌症。他躺在病床上，望着眼角已爬上细细皱纹的妻子和长得比妈妈还高了的儿子，突然明白自己过去有多傻，多糊涂。用长久的别离换得的优裕的物质生活环境又怎能替代亲人相守的天伦之乐呢？他流着泪向妻儿许诺，只要自己病能好，一家人再不分开，一起去旅游，去爬山，去看海。

后来经过复查发现原系误诊，只不过是良性肿瘤，手术后不久他就出院了。他没有忘记自己的诺言，但公司积压已久的事务亟待他去处理，大大小小的会议等着他去出席。他不由得感叹身不由己。山高海阔，只有在梦里相见了！为什么经历了与死神擦肩而过的惊险，还不能抛开种种俗务的纷扰？忙忙碌碌、忧心忡忡的人，为何不问问自己：什么才是最要紧的？

很多人都是在经过长期奋斗而即将成功之前，因身体不健康问题而败下阵来，以致前功尽弃。“健康是工作的本钱”，如果你连“本钱”都丢了，那么即使失败了，你又能怨谁呢？

充沛的体力和精力是取得成功的前提条件。生命本身就是与生俱来的财富，拥有这笔财富，你就能赚取更多的财富，使你终身受用不尽，如果不珍惜它就太蠢了。

我们不仅要珍惜生命，更要健康地活着。想想看，如果你身体瘦弱、消化不良、精神疲倦、精力不足，你又能完成什么任务呢？

三国时期的诸葛亮为刘备所做的霸业计划其实包括两个阶段性的目标：第一步，“据荆襄，去巴蜀”，与曹操、孙权形成三国鼎立之势；第二步则是待到时机成熟之时，从巴蜀出兵中原，夺取天下。过了几十年，诸葛亮帮助刘备完成了第一个目标，第二个目标却永远没有实现。其原因之一就是当时诸葛亮积劳成疾，年近51岁便去逝了。假如诸葛亮有更加健康的身体，也许这段历史就会重写了。

当然，历史上这样的事情太多了，孙中山先生未能等到革命最终胜利的那一天，罗斯福也未能看到世界大战的结束……也许在弥留之际，他们会感叹正是健康的原因，使他们的理想未能实现。这一切都说明了一个问题：只有拥有强健的体魄和旺盛的精力，才可能走向事业的成功。

上面的事例都告诉我们这样一个道理：在职场上为自己的事业拼杀的时候，一定要保重自己的身体。“留得青山在，不怕没柴烧”。提高生命的质量，保持旺盛的生命力，这样才能够向重担挑战。

有些人认为休息就等于浪费时间，因为他们理解“时间就是生命”的道理，不舍弃每一分钟每一秒钟，疯狂地投入工作，这固然没有什么错，相反，这种兢兢业业的工作态度是我们每一个人都应该肯定和推崇的。但不要忘记，物极必反，一个对工作和事业如痴如狂的人，甚至在健康状况极不允许的情况下依然执著，显然不值得提倡。因为健康才是真正的资本，没有了健康，手里握着大把大把的钞票又有什么用呢?

对于你的事业，你当然要付出全部的力量，才能获得成功。但你如果因为透支体力而以筋疲力竭的身体去干工作，你的工作效率肯定衰减，不能发挥出全部的力量。一个体力虚弱、精神衰弱的人，是不能做出什么事业来的。若在你的身体里，缺乏火焰的燃烧，缺乏精力的储存，那么，你在职场的战斗中一经打击，往往会以失败告终。

在人生的战斗中，能不能取得胜利，就在于你能不能保重身体，能不能使你的身体处于“良好”的状态。一匹日行千里的骏马，如果吃不饱、睡不好，在竞赛的时候，可能连一般的马都跑不过。明智的将军，不会在士气不振的时候，率领自己的军队去对付大敌。他会秣马厉兵，充足给养，接着才肯率军去参加大战。一个具有一分本领的体力旺盛的人，能够胜过一个因为生活不知道谨慎，而导致体力衰弱的具有十分本领的人。

健康的体魄能给我们旺盛的体力，能够增强人各部分机能的力量，使其更有效率。强健的体魄，能够使人在事业上得心应手。只要是有志成功、有志上进的人，都会爱惜、保护体力和精力，而不会使些许精力浪费在不必要的地方；因为体力和精力的浪费，能够减少人获得成功的可能性。

白领职场攻略

"健康是工作的本钱"，让我们珍视健康吧！只有对自己的身体负责，才能对事业负起更大的责任。